中国化工产业链图解

2023年版

Diagram of China's Chemical Industry Chain

中国石油和化学工业联合会
山东隆众信息技术有限公司

组织编写

化学工业出版社

·北 京·

内容简介

本书是一部系统梳理中国化学工业主要产业链、企业规模及布局的工具书，采用最新的产能数据，展示现阶段中国石化化工行业重点产业布局状况。全书介绍了石油化工、天然气化工、煤化工、无机盐和氢气五个领域的13条产业链，具体包括乙烯产业链、丙烯产业链、丁二烯产业链、纯苯产业链、对二甲苯产业链、沥青产业链、天然气化工产业链、甲醇产业链、合成氨产业链、盐化工产业链、电石产业链、磷化工产业链、氢产业链，介绍了这些产业链中39种重点产品的产业概况、头部企业及产能、重点企业区域分布。

本书提供了15张全开彩印的重点产品企业地理分布图，产品涉及：聚乙烯，PTA、PX、EG，聚丙烯，纯苯，石油沥青，甲醇，尿素，电石，聚氯乙烯，加氢站，镍钴锂+正极材料，锂电池负极材料，石油焦，硫黄，液化气。

本书集知识性、科普性、资料性和实用性为一体，可供政府、化工园区、行业企业、金融和期货机构了解石化化工基础知识、产业布局、重点企业等相关信息。

图书在版编目（CIP）数据

中国化工产业链图解：2023年版 / 中国石油和化学工业联合会，山东隆众信息技术有限公司组织编写. —北京：化学工业出版社，2024.3

ISBN 978-7-122-45068-5

Ⅰ.①中… Ⅱ.①中…②山… Ⅲ.①化学工业-产业链-研究-中国-图解-2023 Ⅳ.①F426.7-64

中国国家版本馆CIP数据核字（2024）第033445号

审图号：京审字（2023）G第1618号

责任编辑：傅聪智　仇志刚　　　装帧设计：尹琳琳
责任校对：刘　一

出版发行：化学工业出版社
（北京市东城区青年湖南街13号　邮政编码100011）
印　　装：中煤（北京）印务有限公司
710mm×1000mm　1/16　印张12　插页17　字数148千字
2024年6月北京第1版第1次印刷

购书咨询：010-64518888　　　售后服务：010-64518899
网　　址：http://www.cip.com.cn
凡购买本书，如有缺损质量问题，本社销售中心负责调换。

定　　价：1000.00元

《中国化工产业链图解》
（2023 年版）

编委会

前言

当今时代，世界正经历百年未有之大变局，外部环境的复杂性、不确定性上升，产业链、供应链重构加速，新一轮科技革命和产业变革加快演进。面对复杂严峻的国际环境和艰巨繁重的国内改革发展稳定任务，石化行业在党中央、国务院的坚强领导下，坚持稳中求进总基调，在全行业各企业和广大员工的共同努力下，攻坚克难、凝神聚力，大力实施创新驱动、结构优化、绿色低碳和高质量发展，着力构建新发展格局，2023年交出了一份踔厉奋发、全力奋斗的答卷。

为了梳理我国石化产业现状，满足各级政府、化工园区、行业企业、金融和期货机构对石化化工主要产品基础知识、产业布局、重点企业等相关信息的需求，为业内外人士了解石化产业布局及产业链发展情况提供参考，中国石油和化学工业联合会组织国内科研院所、高校、重点企业、商品交易所等机构的行业专家，共同编写了《中国化工产业链图解》(2023年版)。

《中国化工产业链图解》(2023年版)作为国内首部系统整理中国石化化工主要产业链、企业规模及布局的基础性图书，采用及时性、前瞻性、权威性的一手数据，集知识性、科普性、资料性和实用性为一体，展示中国石化化工行业重点产业布局状况，可作为业内人员日常工作中的案头书、工具书。全书内容包括：13条石化化工产品产业链；39个重点产品基本情况介绍、主要产能分布；300余家石化化工企业产能信息；15张石化化工产业主要企业全国分布图；120余个化工产品的中英文名称对照表。

由于时间仓促和水平有限，书中难免有不尽如人意之处，恳请关注石化行业发展的专家、学者、企业家等业内外人士批评指正，对本书提出建设性修改意见。

编委会

2024年1月

目录

附 图

第一章 石油化工产业链

二醇醚（溶剂、燃料等）和乙醇胺（表面活性剂、个人护理产品等）。

乙烯可与纯苯反应生成乙苯，乙苯可进一步加工成苯乙烯。苯乙烯主要用途是生产聚合物，如聚苯乙烯、丙烯腈-丁二烯-苯乙烯（ABS）和丁苯橡胶（SBR）。

乙烯的其他衍生物包括：用于线型低密度聚乙烯生产的α-烯烃、洗涤剂醇和增塑剂醇；醋酸乙烯单体（VAM），用于胶黏剂、涂料（包括纸张涂料）和阻隔树脂；工业乙醇，用作溶剂或用于制造化学中间体，如乙酸乙酯和丙烯酸乙酯。

乙烯可以通过多种化工原料制得，常见的有乙烷、丙烷和石脑油，其生产工艺虽较为丰富，但彼此的差异并不是特别大。这也是乙烯有别于其他化工产品的一个最大特点。在美国、中东和北非地区，乙烷和丙烷是乙烯最普遍的生产原料，生产工艺采用蒸汽裂解法。选择烷烃的主要原因是这些地区靠近石油产地，乙烷和丙烷能够通过运输管道短距离地运送至石化工厂，运输费用较为经济。而在亚洲地区，石脑油是乙烯最为常见的原料，通常采用油罐车运输，输油管道并未普及，主要的生产工艺为石脑油裂解法。

采用不同的原料和生产工艺，乙烯的产出率不同。其中，乙烷和丙烷的乙烯产出率最高，还可附带产出丙烯；以石脑油、汽油等为原料的乙烯产出率较低，但附加产品较为丰富。

2022年由于原料价格同比上涨超40%，导致产业链利润亏损加剧。2022年全球乙烯产能增速放缓，新增产能主要集中在中国、美国和印度，欧洲因能源供应紧张且需求长期保持低迷状态，整体开工下降，无新增产能。2022年全球乙烯产能23986万吨，同比增长3.75%，主要分布在亚洲地区及北美地区，约占全球总产能的50%以上，其次为中东。以上三地区的主要产能分布在美国、中国和沙特三个国家。2022年全球范围内乙烯新增产能合计977.4万吨，其中美国新增产能247.4万吨，占比25.31%；中国新增产能525万吨，占比53.71%。全球来看，依托下游一体化装置中聚乙烯产能的快速扩张，中国依旧是乙烯新增产能主要扩充国。

国内乙烯产能保持稳健增长，截至2022年年底，乙烯总产能提升至4729万吨，产能增速达12.49%，较往年有所下降。

从参与主体看，形成了以中国石化和中国石油两大集团为主导，多方资本参与的生产格局。特别是煤/甲醇制烯烃等多元化原料路线工业化取得成功，带动了乙烯产业投资主体多元化发展。中国石化和中国石油在国内乙烯产业中依然占据绝对优势地位，但影响力正逐步削弱。

3. 乙烯产业头部企业及产能

企业名称	产能/（万吨/年）	主要相关子公司
中国石油化工集团有限公司	1351	上海赛科石油化工有限责任公司 福建联合石油化工有限公司 中国石化镇海炼化分公司 中沙（天津）石化有限公司
中国石油天然气集团有限公司	731	中国石油大庆石化分公司 中国石油独山子石化分公司 中国石油抚顺石化分公司
浙江石油化工有限公司	280	
中国海洋石油集团有限公司	215	中海壳牌石油化工有限公司
恒力石化股份有限公司	150	
陕西延长石油（集团）有限责任公司	135	陕西延长中煤榆林能源化工有限公司 陕西延长石油延安能源化工有限责任公司
国家能源投资集团有限责任公司	129	国家能源集团宁夏煤业有限责任公司 国家能源集团新疆能源有限责任公司 国家能源集团榆林化工有限公司 中国神华煤制油化工有限公司

续表

企业名称	产能/（万吨/年）	主要相关子公司
宝来利安德巴赛尔石化有限公司	100	
中化泉州石化有限公司	100	
万华化学（烟台）石化有限公司	100	

4. 乙烯产业重点企业区域分布

企业名称	产能/（万吨/年）	地区
北京市		
中国石化北京燕山分公司	86	北京市
天津市		
中沙（天津）石化有限公司	100	天津市
中国石化天津分公司	20	天津市
内蒙古自治区		
中天合创能源有限责任公司	65	鄂尔多斯市
国家能源集团包头煤化工有限责任公司	30	包头市
内蒙古中煤蒙大新能源化工有限公司	30	鄂尔多斯市
辽宁省		
恒力石化股份有限公司	150	大连市
宝来利安德巴赛尔石化有限公司	100	盘锦市
中国石油抚顺石化分公司	94	抚顺市
北方华锦化学工业股份有限公司	63	盘锦市
中国石油辽阳石化分公司	20	辽阳市
沈阳化工股份有限公司	15	沈阳市
吉林省		
中国石油吉林石化分公司	85	吉林市
康奈尔化学工业股份有限公司	12	吉林市

续表

企业名称	产能/（万吨/年）	地区
黑龙江省		
中国石油大庆石化分公司	120	大庆市
上海市		
上海赛科石油化工有限责任公司	114	上海市
中国石化上海石油化工股份有限公司	70	上海市
江苏省		
中国石化镇海炼化分公司	110	宁波市
中国石化扬子石油化工有限公司	80	南京市
扬子石化-巴斯夫有限责任公司	74	南京市
新浦化学（泰兴）有限公司	65	泰州市
南京诚志清洁能源有限公司	37	南京市
江苏斯尔邦石化有限公司	37	连云港市
富德（常州）能源化工发展有限公司	13	常州市
浙江省		
浙江石油化工有限公司	280	舟山市
宁波富德能源有限公司	30	宁波市
浙江兴兴新能源科技有限公司	30	嘉兴市
安徽省		
中安联合煤化有限责任公司	35	淮南市
福建省		
福建炼油化工有限公司	110	泉州市
中化泉州石化有限公司	100	泉州市
山东省		
万华化学（烟台）石化有限公司	100	烟台市
中国石化齐鲁分公司	80	淄博市
久泰能源科技有限公司	30	临沂市
联泓新材料科技股份有限公司	21	枣庄市
山东阳煤恒通化工股份有限公司	12	临沂市

续表

企业名称	产能/（万吨/年）	地区
鲁西化工集团股份有限公司	12	聊城市
河南省		
中国石化中原石油化工有限责任公司	28	濮阳市
湖北省		
中韩（武汉）石油化工有限公司	80	武汉市
广东省		
中海壳牌石油化工有限公司	215	惠州市
中国石化茂名分公司	100	茂名市
中科（广东）炼化有限公司	80	湛江市
中国石化广州分公司	21	广州市
四川省		
中国石油四川石化有限责任公司	80	成都市
陕西省		
陕西延长中煤榆林能源化工有限公司	90	榆林市
陕西延长石油延安能源化工有限责任公司	45	延安市
蒲城清洁能源化工有限责任公司	33	渭南市
国家能源集团榆林化工有限公司	30	榆林市
中煤陕西榆林能源化工有限公司	30	榆林市
甘肃省		
中国石油兰州石化分公司	70	兰州市
青海省		
青海盐湖工业股份有限公司	16	海西蒙古族藏族自治州格尔木市
宁夏回族自治区		
宁夏宝丰能源集团股份有限公司	60	银川市
国家能源集团宁夏煤业有限责任公司	42	银川市
新疆维吾尔自治区		
中国石油独山子石化分公司	137	克拉玛依市
国家能源集团新疆化工有限公司	27	乌鲁木齐市

二、聚乙烯（PE）

1. 聚乙烯产业概况

聚乙烯（Polyethylene，简称PE）是乙烯聚合制得的一种热塑性树脂，在工业上还包括乙烯与少量α-烯烃的共聚物。

聚乙烯的生产方法不同，其密度及熔体流动速率也不同。按密度大小主要分为低密度聚乙烯（Low density polyethylene，简称LDPE）、线型低密度聚乙烯（Linear low density polyethylene，简称LLDPE）、中密度聚乙烯（Middle density polyethylene，简称MDPE）、高密度聚乙烯（High density polyethylene，简称HDPE）。其中，线型低密度聚乙烯属于低密度聚乙烯，是工业上常用的聚乙烯，其他分类法有时把MDPE归类于HDPE或LDPE。

高压聚乙烯又称低密度聚乙烯（LDPE），其无味、无臭、无毒，乳白色蜡状颗粒，表面无光泽，具有良好的延伸性、电绝缘性、化学稳定性、加工性能和耐低温性（可耐–70℃），但力学强度、隔湿性、隔气性和耐溶剂性较差。LDPE可采用热塑性成型加工的各种工艺，如注射、挤出、吹塑、旋转成型等，成型加工性好。LDPE主要用于生产农膜、工业用包装膜、药品与食品包装薄膜、机械零件、日用品、建筑材料、电线、电缆绝缘层、吹塑中空成型制品、涂层材料和人造革等。

低压聚乙烯又称高密度聚乙烯（HDPE），其无毒、无味、无臭，白色颗粒，分子为线形结构，很少有支化现象，是典型的结晶高聚物。HDPE力学性能均优于LDPE，熔点比LDPE高，脆化温度比LDPE低。HDPE可采用注射、挤出、吹塑、滚塑等成型方法制成薄膜制品、日用及工业用各种尺寸中空容器、管材、包装用压延带和结扎带、绳缆、鱼网和编织用纤维、电线电缆等。

LLDPE被认为是“第三代聚乙烯”的新品种，是乙烯与少量高级α-烯烃（如1-丁烯、1-己烯、1-辛烯、1-四甲基戊烯等）在催化剂作用下，经高压或低压聚合而成的一种共聚物。与LDPE相比，具有强度高、韧性好、刚性高、耐热、耐寒性好等优点，并可耐酸、碱、有机溶剂等，且软化温度和熔融温度较高。LLDPE可通过注射、挤出、吹塑等成型方法制成农膜、包装薄膜、复合薄膜、管材、中空容器、电线、电缆绝缘层等。由于不存在长支链，65% ~ 70%的LLDPE用于生产薄膜。

MDPE是在合成过程中用α-烯烃共聚，控制密度而制成。MDPE最突出的特点是耐环境应力开裂性及强度。MDPE可用挤出、注射、吹塑、滚塑、旋转、粉末成型加工方法，生产工艺参数与HDPE和LDPE相似，常用于生产管材、薄膜、中空容器等。

超高分子量聚乙烯（Ultra-high molecular weight polyethylene，简称UHMWPE）冲击强度高，耐疲劳，耐磨，是一种线型结构的具有优异综合性能的热塑性工程塑料。UHMWPE因分子量高而具有其他塑料无可比拟的优异性能，如抗冲击、耐磨损、自润滑性、耐化学腐蚀等，广泛应用于机械、运输、纺织、造纸、矿业、农业、化工及体育运动器械等领域，其中以大型包装容器和管道的应用最为广泛。另外，由于其优异的生理惰性，UHMWPE已作为心脏瓣膜、矫形外科零件、人工关节等在临床医学上使用。超高分子量聚乙烯纤维的复合材料在军事上已用作装甲车辆的壳体、雷达的防护罩壳、头盔等，在体育用品中已制成弓弦、雪橇和滑水板等。

茂金属聚乙烯（Metallocene polyethylene，简称mPE）是近年来迅速发展起来的一类新型高分子树脂，分子量分布窄，分子链结构和组成分布均一，其具有优异的力学性能和光学性能，已被广泛应用于包装、电气绝缘制品等。

2022年，全球聚乙烯实际产能超14477.80万吨，其中北美、中东、亚洲地区依旧是全球聚乙烯产能最集中地区，三个地区的聚乙烯总产能占比超68%。

2022年，全球范围内聚乙烯下游消费主要集中于薄膜、注塑制品、中空容器等方面，三者在全球聚乙烯消费中占比分别为52.26%、12.16%、11.29%。其中，聚乙烯在薄膜领域应用最为广泛，HDPE、LDPE、LLDPE产品均有涉及，占比超75%。

2022年，中国聚乙烯产能达到2981万吨，西北地区仍以835万吨产能排在第一位。整体来看，2022年仅华东地区产能提升，其产能达到735.5万吨，位列第二位。

2. 聚乙烯产业头部企业及产能

企业名称	产能/（万吨/年）	主要相关子公司
中国石油化工集团有限公司	817	福建联合石油化工有限公司 中国石化镇海炼化分公司 中国石化茂名分公司
中国石油天然气集团有限公司	657.5	中国石油大庆石化分公司 中国石油独山子石化分公司 中国石油抚顺石化分公司
浙江石油化工有限公司	150	
陕西延长石油（集团）有限责任公司	132	陕西延长中煤榆林能源化工有限公司 陕西延长石油延安能源化工有限责任公司
国家能源投资集团有限责任公司	132	国家能源集团宁夏煤业有限责任公司 国家能源集团榆林化工有限公司 国家能源集团包头煤化工有限责任公司 国家能源集团新疆化工有限公司
中国海洋石油集团有限公司	121	中海壳牌石油化工有限公司
万华化学（烟台）石化有限公司	80	
宝来利安德巴赛尔石化有限公司	80	
山东寿光鲁清石化有限公司	70	
中化泉州石化有限公司	50	

3. 聚乙烯产业重点企业区域分布

企业名称	产能/（万吨/年）	地区
北京市		
中国石化北京燕山分公司	52	北京市
天津市		
中沙（天津）石化有限公司	60	天津市
中国石化天津分公司	12	天津市
内蒙古自治区		
中天合创能源有限责任公司	67	鄂尔多斯市
国家能源集团包头煤化工有限责任公司	30	包头市
内蒙古中煤蒙大新能源化工有限公司	30	鄂尔多斯市
内蒙古久泰新材料科技股份有限公司	28	鄂尔多斯市
辽宁省		
中国石油抚顺石化分公司	88	抚顺市
宝来利安德巴赛尔石化有限公司	80	盘锦市
北方华锦化学工业股份有限公司	45	盘锦市
恒力石化（大连）炼化有限公司	40	大连市
沈阳化工股份有限公司	10	沈阳市
中国石油辽阳石化分公司	7	辽阳市
吉林省		
中国石油吉林石化分公司	58	吉林市
黑龙江省		
中国石油大庆石化分公司	113.5	大庆市
黑龙江省海国龙油石化股份有限公司	40	大庆市
上海市		
上海赛科石油化工有限责任公司	60	上海市
中国石化上海石油化工股份有限公司	45	上海市
上海金菲石油化工有限公司	13.5	上海市
江苏省		
中国石化扬子石油化工有限公司	47	南京市

续表

企业名称	产能/（万吨/年）	地区
扬子石化-巴斯夫有限责任公司	40	南京市
连云港石化有限公司	40	连云港市
江苏斯尔邦石化有限公司	30	连云港市
浙江省		
浙江石油化工有限公司	150	舟山市
中国石化镇海炼化分公司	80	宁波市
宁波华泰盛富聚合材料有限公司	40	宁波市
安徽省		
中安联合煤化有限责任公司	35	淮南市
福建省		
福建联合石油化工有限公司	90	泉州市
中化泉州石化有限公司	50	泉州市
山东省		
万华化学（烟台）石化有限公司	80	烟台市
山东寿光鲁清石化有限公司	70	潍坊市
中国石化齐鲁分公司	65	淄博市
河南省		
中国石化中原石油化工有限责任公司	26	濮阳市
湖北省		
中韩（武汉）石油化工有限公司	90	武汉市
广东省		
中海壳牌石油化工有限公司	121	惠州市
中国石化茂名分公司	93	茂名市
中科（广东）炼化有限公司	35	湛江市
中国石化广州分公司	20	广州市
四川省		
中国石油四川石化有限责任公司	60	成都市

续表

企业名称	产能/（万吨/年）	地区
陕西省		
陕西延长中煤榆林能源化工有限公司	90	榆林市
陕西延长石油延安能源化工有限责任公司	42	延安市
中煤陕西榆林能源化工有限公司	30	榆林市
国家能源集团榆林化工有限公司	30	榆林市
蒲城清洁能源化工有限责任公司	30	渭南市
甘肃省		
中国石油兰州石化榆林化工有限公司	80	榆林市
中国石油兰州石化分公司	73	兰州市
宁夏回族自治区		
宁夏宝丰能源集团股份有限公司	60	银川市
国家能源集团宁夏煤业有限责任公司	45	银川市
新疆维吾尔自治区		
中国石油独山子石化分公司	113	克拉玛依市
中国石油塔里木石化分公司	60	巴音郭楞蒙古自治州
国家能源集团新疆化工有限公司	27	乌鲁木齐市

4. 2023年中国聚乙烯产业重点企业地理分布

见附图1 2023中国聚乙烯产业企业分布图。

三、环氧乙烷（EO）

1. 环氧乙烷产业链概况

环氧乙烷（Ethylene oxide，简称EO）是一种最简单的环醚，属于杂环类化合物，是重要的石化产品。大部分的环氧乙烷被用于制造乙二醇，最终用途是生产聚酯，也被用作汽车冷却剂及防冻剂。

环氧乙烷还用于生产乙氧基化合物、乙醇胺、乙二醇醚、亚乙基胺、二甘醇、三甘醇、多甘醇、羟乙基纤维素、氯化胆碱、乙二醛、乙烯碳酸酯等产品。

环氧乙烷的生产工艺主要有两种：氯醇法和乙烯直接氧化法。乙烯直接氧化法是乙烯、空气或氧气、催化剂在一定温度、压力下，气相直接氧化制得环氧乙烷。国内环氧乙烷生产90%采用乙烯直接氧化法。

2022年，全球环氧乙烷产能达1448万吨。全球环氧乙烷产能主要集中在东北亚、中东和北美地区，2022年上述3个地区的产能分别占全球产能的39%、22.5%和18%。

2022年，全球环氧乙烷前十大生产商合计产能741万吨，占全球总产能的51.17%，行业集中度较高。中国石化占据全球环氧乙烷生产商首位，陶氏化学位居第二，巴斯夫、壳牌分列第三和第四。其中，巴斯夫和壳牌多数配套下游产品生产装置，其下游产品在世界相关产品领域同样占据重要地位。

2022年，中国环氧乙烷年产能达751.3万吨，产能分布较为集中。华东地区仍是主产区，其次是华南和东北地区，占比分别约为59%、17%和11%。从原料和生产工艺而言，我国环氧乙烷生产工艺较为单一，均为乙烯直接氧化法。

2. 环氧乙烷产业头部企业及产能

企业名称	产能/（万吨/年）	主要相关子公司
中国石油化工集团有限公司	158	中国石化上海石油化工股份有限公司 中科（广东）炼化有限公司 中韩（武汉）石油化工有限公司
中国石油天然气集团有限公司	67	中国石油辽阳石化分公司 中国石油四川石化有限责任公司 中国石油吉林石化分公司
三江化工有限公司	54	浙江三江化工新材料有限公司 三江乐天化工有限公司

续表

企业名称	产能/（万吨/年）	主要相关子公司
中海壳牌石油化工有限公司	27	
嘉兴金燕化工有限公司	26	泰兴金燕化学科技有限公司

3. 环氧乙烷产业重点企业区域分布

企业名称	产能/（万吨/年）	地区
北京市		
中国石化北京燕山分公司	2	北京市
天津市		
中沙（天津）石化有限公司	12	天津市
中国石化天津分公司	4	天津市
辽宁省		
中国石油辽阳石化分公司	24	辽阳市
辽宁北化鲁华化工有限公司	17	盘锦市
中国石油抚顺石化分公司	5	抚顺市
吉林省		
中国石油吉林石化分公司	18	吉林市
吉林众鑫化工集团有限公司	12	吉林市
吉林市博海生化有限责任公司	6	吉林市
上海市		
中国石化上海石油化工股份有限公司	29	上海市
江苏省		
泰兴金燕化学科技有限公司	26	泰州市
江苏奥克化学有限公司	20	扬州市
江苏斯尔邦石化有限公司	20	连云港市
中国石化扬子石油化工有限公司	18	南京市
远东联石化（扬州）有限公司	18	扬州市
江苏德纳化学股份有限公司	16	南京市
扬子石化-巴斯夫有限责任公司	10	南京市

续表

企业名称	产能/（万吨/年）	地区
浙江省		
三江化工有限公司	26	嘉兴市
浙江三江化工新材料有限公司	18	嘉兴市
中国石化镇海炼化分公司	17	宁波市
三江乐天化工有限公司	10	嘉兴市
阿克苏·诺贝尔粉末涂料（宁波）有限公司	7.5	宁波市
宁波富德能源有限公司	5	宁波市
浙江石油化工有限公司	5	舟山市
福建省		
中化泉州石化有限公司	20	泉州市
福建联合石油化工有限公司	18	泉州市
山东省		
联泓新材料科技股份有限公司	12	枣庄市
湖北省		
中韩（武汉）石油化工有限公司	21	武汉市
潜江永安药业股份有限公司	4	潜江市
广东省		
中海壳牌石油化工有限公司	27	惠州市
中科（广东）炼化有限公司	25	湛江市
中国石化茂名分公司	20	茂名市
四川省		
中国石油四川石化有限责任公司	20	成都市

四、乙二醇（EG）

1. 乙二醇产业概况

乙二醇（Ethylene glycol，简称EG）是一种重要的石油化工基础有机原料，主要用于生产聚酯，另外还用于生产吸湿剂、增塑剂、表面活性剂、合成纤维、化妆品、炸药、发动机防冻剂，并用作染料、油墨等的溶剂。

乙二醇工业生产路线分为两种：乙烯法和煤基合成气草酸酯法。其中，乙烯法根据乙烯来源的不同又分为石脑油裂解制乙烯、乙烷脱氢制乙烯（石油伴生气、页岩气）和MTO法生产甲醇再制取乙烯。而中国多采用合成气草酸酯法，绝大部分厂家采用煤制合成气，少数厂家提纯电石炉尾气中的CO作为合成气。

2022年，全球乙二醇总产能约5314万吨，产能主要分布在亚洲地区，亚洲产能约占全球总产能的50%以上。

全球乙二醇前十大生产商主要集中在中东、北美和东北亚地区，中东地区厂商凭借乙烷资源的廉价优势，成为生产乙二醇的主力军。而中国乙二醇需求巨大，市场地位无可替代。凭借巨大的市场优势，中国石化、恒力石化、卫星石化等国内企业入围全球前十大乙二醇供应商。

全球范围内乙二醇消费主要集中于聚酯和防冻液生产等。2022年，这两大领域在全球乙二醇消费中占比分别达90%和6%。不同区域乙二醇的消费结构稍有差异，但聚酯生产均占主导地位。

2022年，中国乙二醇产能达2509.1万吨，其中华东地区产能占比高达41.45%，区域内集中了中国石化、卫星石化和浙江石化等国内较大的乙二醇生产商。

2. 乙二醇产业头部企业及产能

企业名称	产能/（万吨/年）	主要相关子公司
中国石油化工集团有限公司	384.2	福建古雷石化有限公司 中国石化上海石油化工股份有限公司 中沙（天津）石化有限公司
恒力石化股份有限公司	180	

续表

企业名称	产能/（万吨/年）	主要相关子公司
卫星化学股份有限公司	180	
浙江石油化工有限公司	155	
盛虹炼化有限公司	190	
河南能源化工集团有限公司	120	永城永金化工有限公司 安阳永金化工有限公司 濮阳永金化工有限公司
中海壳牌石油化工有限公司	83	
中国石油天然气集团有限公司	81.9	中国石油辽阳石化分公司 中国石油四川石化有限责任公司 中国石油吉林石化分公司

3. 乙二醇产业重点企业区域分布

企业名称	产能/（万吨/年）	地区
北京市		
中国石化北京燕山分公司	8	北京市
天津市		
中沙（天津）石化有限公司	42	天津市
中国石化天津分公司	4.2	天津市
河北省		
阳煤集团深州化工有限公司	22	衡水市
山西省		
山西沃能化工科技有限公司	30	临汾市
阳煤集团寿阳化工有限责任公司	22	晋中市
阳泉集团平定化工有限责任公司	20	阳泉市
内蒙古自治区		
内蒙古荣信化工有限公司	40	鄂尔多斯市

续表

企业名称	产能/（万吨/年）	地区
鄂尔多斯市新杭能源有限公司	40	鄂尔多斯市
通辽金煤化工有限公司	30	通辽市
鄂托克旗建元煤化科技有限责任公司	26	鄂尔多斯市
内蒙古易高煤化科技有限公司	12	鄂尔多斯市
辽宁省		
恒力石化股份有限公司	180	大连市
中国石油辽阳石化分公司	20	辽阳市
辽宁北方化学工业有限公司	20	盘锦市
中国石油抚顺石化分公司	4	抚顺市
吉林省		
中国石油吉林石化分公司	15.9	吉林市
上海市		
中国石化上海石油化工股份有限公司	61	上海市
江苏省		
盛虹炼化有限公司	190	连云港市
卫星化学股份有限公司	180	连云港市
远东联石化（扬州）有限公司	45	扬州市
扬子石化-巴斯夫有限责任公司	34	南京市
中国石化扬子石油化工有限公司	30	南京市
浙江省		
浙江石油化工有限公司	155	舟山市
中国石化镇海炼化分公司	65	宁波市
宁波富德能源有限公司	50	宁波市
浙江三江化工新材料有限公司	38	嘉兴市
安徽省		
中盐安徽红四方股份有限公司	30	合肥市
安徽淮化集团有限公司	10	淮南市

续表

企业名称	产能/（万吨/年）	地区
福建省		
福建古雷石化有限公司	70	漳州市
中化泉州石化有限公司	50	泉州市
福建炼油化工有限公司	40	泉州市
山东省		
山东华鲁恒升集团有限公司	55	德州市
利华益集团股份有限公司	20	东营市
万华化学集团股份有限公司	3	烟台市
河南省		
永城永金化工有限公司	40	商丘市
新乡永金化工有限公司	20	新乡市
安阳永金化工有限公司	20	安阳市
濮阳永金化工有限公司	20	濮阳市
洛阳永金化工有限公司	20	洛阳市
湖北省		
湖北三宁化工股份有限公司	60	宜昌市
中国石化武汉分公司	28	武汉市
中国石化湖北化肥分公司	20	宜昌市
广东省		
中海壳牌石油化工有限公司	83	惠州市
中科（广东）炼化有限公司	40	湛江市
中国石化茂名分公司	12	茂名市

续表

企业名称	产能/（万吨/年）	地区
四川省		
中国石油四川石化有限责任公司	36	成都市
贵州省		
黔西县黔希煤化工投资有限责任公司	30	毕节市
新疆维吾尔自治区		
新疆哈密广汇环保科技有限公司	40	哈密市
新疆天业股份有限公司	35	石河子市
新疆生产建设兵团天盈石油化工股份有限公司	15	阿拉尔市
中国石油独山子石化分公司	6	克拉玛依市

4. 2023年中国乙二醇产业重点企业地理分布

见附图2　2023中国PTA、PX、EG产业企业分布图。

第二节　丙烯产业链

丙烯产业链【也称碳三（C3）产业链】是石油和化学工业中重要的产业链之一，下游产品主要由丙烯向下延伸。丙烯衍生物包括聚丙烯、环氧丙烷、丙烯酸、丙烯腈、异丙苯、丙烯醛、烷基化物、聚合物汽油、丙烯低聚物、异丁苯、三元乙丙橡胶（EPDM）和异丙醇。丙烯及其衍生物被广泛用于生产各种下游化工产品，这些产品可用于汽车、包装、家电、医疗器械、纺织、化妆品等行业。

一、丙烯

1. 丙烯产业链图（图1-3）

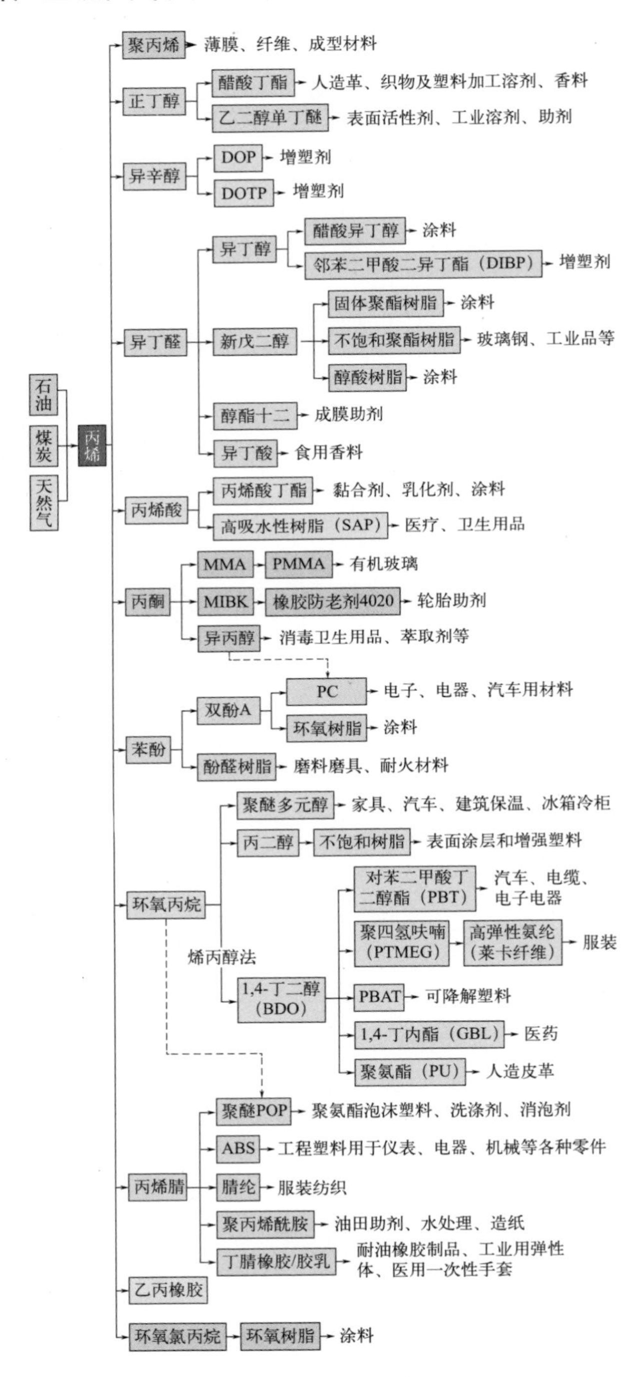

图1-3
丙烯产业链

2. 丙烯产业概况

丙烯（Propylene）是三大合成材料的基本原料之一，其下游用量最大的是生产聚丙烯。另外，丙烯可制备丁醇、辛醇、苯酚、丙酮、丙烯腈、环氧丙烷、丙烯酸及其酯类、丙二醇、环氧氯丙烷和合成甘油等。

丙烯生产主要有4种工艺，分别是石油催化裂化、石脑油蒸汽裂解、煤制甲醇后甲醇制烯烃（MTO）或者直接煤制烯烃（CTO）、丙烷脱氢。

2022年，全球丙烯产能约1.6亿吨，同比增长7.0%，主要分布在东北亚、北美以及欧洲地区，以上地区占全球总产能的86.0%。年内产能增加区域多集中在东北亚地区，中国是2022年全球产能增加最快的国家，其他国家新增产能偏少。

中国是全球最大的丙烯生产和消费国。2022年，中国丙烯产能达到5667.8万吨。其中，华东地区占比30.1%，是目前中国丙烯产能最为集中的地区，当地丙烯产能分布主要集中在江浙沪区域，靠近终端消费市场，丙烯交易较为活跃。西北地区是产能占比第二大的区域，占比约17.5%，当地是煤炭主产区，装置靠近原料端，以CTO/MTO工艺为主；山东地区丙烯产能占比17.1%，位居第三位，当地下游PO、PP及丁辛醇、丙烯腈等装置分布较多，虽丙烯以外销型企业为主，但仍存在一定供应缺口。

3. 丙烯产业头部企业及产能

企业名称	产能/（万吨/年）	主要相关子公司
中国石油化工集团有限公司	1134	中国石化镇海炼化分公司 中国石化齐鲁分公司 上海赛科石油化工有限责任公司 中天合创能源有限责任公司（主要股东） 中韩（武汉）石油化工有限公司

续表

企业名称	产能/（万吨/年）	主要相关子公司
中国石油天然气集团有限公司	634	中国石油大庆石化分公司 中国石油吉林石化分公司 中国石油独山子石化分公司 中国石油抚顺石化分公司
国家能源投资集团有限公司	265	国家能源集团宁夏煤业有限责任公司 国家能源集团新疆能源有限责任公司 国家能源集团榆林化工有限公司 国家能源集团包头煤化工有限责任公司
浙江石油化工有限公司	220	
东华能源股份有限公司	180	东华能源（张家港）新材料有限公司 东华能源（宁波）新材料有限公司
陕西延长石油（集团）有限责任公司	160	陕西延长中煤榆林能源化工有限公司 陕西延长石油延安能源化工有限责任公司 陕西延长石油延安炼油厂
万华化学集团股份有限公司	127	万华化学（烟台）石化有限公司 万华化学（宁波）有限公司
中海壳牌石油化工有限公司	123	
中国中煤能源集团有限公司	120	中天合创能源有限责任公司（主要股东） 中煤陕西榆林能源化工有限公司 内蒙古中煤蒙大新能源化工有限公司
卫星化学股份有限公司	90	

4. 丙烯产业重点企业区域分布

企业名称	产能/（万吨/年）	地区
北京市		
中国石化北京燕山分公司	53	北京市
天津市		
天津渤化永利化工股份有限公司	60	天津市
中沙（天津）石化有限公司	55	天津市
中国石化天津分公司	40	天津市
河北省		
海伟石化有限公司	50	衡水市
内蒙古自治区		
中天合创能源有限责任公司	60	鄂尔多斯市
大唐内蒙古多伦煤化工有限责任公司	50	锡林郭勒盟
久泰能源（准格尔）有限公司	32	鄂尔多斯市
国家能源集团包头煤化工有限责任公司	30	包头市
内蒙古中煤蒙大新能源化工有限公司	30	鄂尔多斯市
辽宁省		
恒力石化股份有限公司	85	大连市
中国石油抚顺石化分公司	66	抚顺市
辽宁中油宝来石油化工有限公司	60	沈阳市
中国石油大连石化分公司	32	大连市
北方华锦化学工业集团有限公司	23	盘锦市
中国石油辽阳石化分公司	20	辽阳市
吉林省		
中国石油吉林石化分公司	60	吉林市
黑龙江省		
中国石油大庆石化分公司	88	大庆市
中国石油哈尔滨石化分公司	26	哈尔滨市
中国石油大庆炼化分公司	20	大庆市

续表

企业名称	产能/（万吨/年）	地区
上海市		
上海赛科石油化工有限责任公司	60	上海市
中国石化上海石油化工股份有限公司	55	上海市
江苏省		
东华能源（张家港）新材料有限公司	60	苏州市
中国石化扬子石油化工有限公司	55	南京市
南京诚志清洁能源有限公司	54	南京市
江苏斯尔邦石化有限公司	45	连云港市
扬子石化-巴斯夫有限责任公司	40	南京市
中国石化金陵分公司	34	南京市
浙江省		
浙江石油化工有限公司	220	舟山市
东华能源（宁波）新材料有限公司	120	宁波市
卫星化学股份有限公司	90	嘉兴市
中国石化镇海炼化分公司	83	宁波市
宁波金发新材料有限公司	60	宁波市
浙江华泓新材料有限公司	45	嘉兴市
浙江绍兴三圆石化有限公司	45	绍兴市
中海石油宁波大榭石化有限公司	42	宁波市
宁波富德能源有限公司	40	宁波市
浙江兴兴新能源科技有限公司	39	嘉兴市
安徽省		
中国石化安庆分公司	37	安庆市
中安联合煤化有限责任公司	35	淮南市
福建省		
中化泉州石化有限公司	70	泉州市
福建联合石油化工有限公司	50	泉州市

续表

企业名称	产能/（万吨/年）	地区
山东省		
万华化学集团股份有限公司	127	烟台市
中国石化齐鲁分公司	64	淄博市
山东京博控股集团有限公司	39	滨州市
联泓新材料科技股份有限公司	25	枣庄市
中国石化青岛炼油化工有限责任公司	21	青岛市
河南省		
中国石化洛阳分公司	23	洛阳市
湖北省		
中韩（武汉）石油化工有限公司	55	武汉市
广东省		
中海壳牌石油化工有限公司	123	惠州市
巨正源股份有限公司	60	东莞市
中科（广东）炼化有限公司	55	湛江市
中国石化茂名分公司	50	茂名市
中国石化广州分公司	32	广州市
广西壮族自治区		
中国石油广西石化分公司	23	钦州市
海南省		
中国石化海南炼油化工有限公司	21	儋州市
中海油东方石化有限责任公司	20	东方市
四川省		
中国石油四川石化有限责任公司	40	成都市
云南省		
中石油云南石化有限公司	50	昆明市
陕西省		
陕西延长中煤榆林能源化工有限公司	90	榆林市

续表

企业名称	产能/（万吨/年）	地区
陕西延长石油延安能源化工有限责任公司	45	延安市
蒲城清洁能源化工有限责任公司	35	渭南市
国家能源集团榆林化工有限公司	30	榆林市
中煤陕西榆林能源化工有限公司	30	榆林市
陕西延长石油延安炼油厂	20	延安市
甘肃省		
中国石油兰州石化分公司	50	兰州市
宁夏回族自治区		
国家能源集团宁夏煤业有限责任公司	160	银川市
宁夏宝丰能源集团股份有限公司	63	银川市
新疆维吾尔自治区		
中国石油独山子石化分公司	60	克拉玛依市
国家能源集团新疆能源有限责任公司	45	乌鲁木齐市

二、聚丙烯（PP）

1. 聚丙烯产业概况

聚丙烯（Polypropylene，简称PP），五大通用树脂之一，是重要的有机合成材料。其具有透明度高、无毒、相对密度小、易加工、抗冲击强度高、耐化学腐蚀、抗挠曲性好、电绝缘性好等优良性能，并易于通过共聚、共混、填充、增强等工艺进行改性，综合性能优良，价格合理。其应用领域不断扩大，广泛用于化纤、建筑、轻工、家电、汽车、包装等诸多领域。

聚丙烯的一些常见用途包括：

① 包装：聚丙烯的结构和强度使其成为一种廉价且理想的包装材料。

② 日用品：聚丙烯用于许多消费品，包括半透明部件、家居用品、

家具、电器、行李箱、玩具等。

③ 汽车：聚丙烯因成本低、可焊接性和力学性能好而广泛用于汽车零部件，包括电池盒和托盘、保险杠、挡泥板内衬、内饰、仪表板和门饰。

④ 纤维和织物：聚丙烯用于许多纤维和织物，包括裂隙膜、胶带、捆扎带、散装连续长丝、短纤维、纺黏无纺布（连续长丝）。

⑤ 医疗：由于聚丙烯的耐化学性和耐细菌性，用于制造医疗诊断设备、培养皿、静脉瓶、标本瓶、食品托盘、药丸容器和一次性注射器。

⑥ 其他工业应用：聚丙烯的高拉伸强度，加上其耐高温和耐化学品性，使其成为化学品储罐、板材、管道和可回收运输包装（RTP）的理想选择。

2022年，全球聚丙烯产能达到10745万吨，产能主要集中在东北亚、西欧、中东及北美4个地区。其中，东北亚产能占比居首位，超过全球总量的48%；北美、中东和西欧占比分列第二、第三、第四位，占比分别为9.9%、9.4%和9.0%。

2022年，中国聚丙烯产能达到3496万吨，产能集中分布于华东、华北、西北及华南4个地区。年内聚丙烯新增产能280万吨，多集中分布于华东地区，其次为华北及华南地区。西北地区2022年无新增产能投放，因此该地区产能占比有所下滑。

2. 聚丙烯产业头部企业及产能

企业名称	产能/（万吨/年）	主要相关子公司
中国石油化工集团有限公司	703	中国石化镇海炼化分公司 中国石化茂名分公司 福建联合石油化工有限公司 中天合创能源有限责任公司

续表

企业名称	产能/（万吨/年）	主要相关子公司
中国石油天然气集团有限公司	395	中国石油大庆炼化分公司 中国石油四川石化有限责任公司 中国石油独山子石化分公司 中国石油抚顺石化分公司
国家能源投资集团有限公司	265	国家能源集团宁夏煤业集团有限责任公司 国能包头煤化工有限责任公司 国能榆林化工有限公司 国能新疆化工有限公司
陕西延长石油（集团）有限责任公司	160	陕西延长中煤榆林能源化工有限公司 陕西延长石油延安能源化工有限责任公司 陕西延长石油（集团）有限责任公司延安炼油厂
东华能源股份有限公司	160	东华能源（张家港）新材料有限公司 东华能源（宁波）新材料有限公司
浙江石油化工有限公司	90	
恒力石化股份有限公司	85	
中海壳牌石油化工有限公司	70	
福建中景石化有限公司	70	
富德控股（集团）有限公司	70	宁波富德能源有限公司 富德（常州）能源化工发展有限公司

3. 聚丙烯产业重点企业区域分布

企业名称	产能/（万吨/年）	地区
北京市		
中国石化北京燕山分公司	44	北京市

续表

企业名称	产能/（万吨/年）	地区
天津市		
中沙（天津）石化有限公司	45	天津市
中国石油大港石化分公司	10	天津市
中国石化天津分公司	26	天津市
河北省		
利和知信新材料技术有限公司	30	沧州市
河北海特伟业石化有限公司	30	衡水市
中国石化石家庄炼化分公司	20	石家庄市
中国石油华北石化分公司	10	任丘市
内蒙古自治区		
中天合创能源有限责任公司	70	鄂尔多斯市
大唐内蒙古多伦煤化工有限责任公司	46	锡林郭勒盟
内蒙古久泰新材料科技股份有限公司	32	呼和浩特市
内蒙古中煤蒙大新能源化工有限公司	30	鄂尔多斯市
国家能源集团包头煤化工有限责任公司	30	包头市
中国石油呼和浩特石化分公司	15	呼和浩特市
辽宁省		
恒力石化股份有限公司	85	大连市
辽宁中油宝来石油化工有限公司	60	盘锦市
中国石油抚顺石化分公司	39	抚顺市
中国石油大连石化分公司	32	大连市
北方华锦化学工业股份有限公司	31	盘锦市
中国石油锦西石化分公司	15	葫芦岛市
大连西太平洋石油化工有限公司	10	大连市
中国石油辽阳石化分公司	30	辽阳市

续表

企业名称	产能/（万吨/年）	地区
黑龙江省		
中国石油大庆炼化分公司	60	大庆市
黑龙江省海国龙油石化股份有限公司	55	大庆市
中国石油大庆石化分公司	10	大庆市
大庆海鼎新材料科技有限公司	10	大庆市
上海市		
中国石化上海石油化工股份有限公司	40	上海市
上海赛科石油化工有限责任公司	25	上海市
江苏省		
中国石化扬子石油化工有限公司	40	南京市
东华能源（张家港）新材料有限公司	40	苏州市
富德（常州）能源化工发展有限公司	30	常州市
徐州海天石化有限公司	20	徐州市
浙江省		
东华能源（宁波）新材料有限公司	120	宁波市
浙江石油化工有限公司	90	舟山市
中国石化镇海炼化分公司	50	宁波市
浙江绍兴三圆石化有限公司	50	绍兴市
台塑工业（宁波）有限公司	45	宁波市
宁波富德能源有限公司	40	宁波市
浙江鸿基石化股份有限公司	20	嘉兴市
安徽省		
中安联合煤化有限责任公司	35	淮南市
福建省		
福建中景石化有限公司	70	福州市
福建联合石油化工有限公司	67	泉州市
中化泉州石化有限公司	55	泉州市
福建古雷石化有限公司	35	漳州市

续表

企业名称	产能/（万吨/年）	地区
江西省		
中国石化九江分公司	10	九江市
山东省		
山东京博石油化工有限公司	60	滨州市
山东金能科技股份有限公司	45	青岛市
万华化学集团股份有限公司	30	烟台市
山东东方宏业化工有限公司	30	潍坊市
潍坊舒肤康新材料科技有限公司	30	潍坊市
山东寿光鲁清石化有限公司	30	潍坊市
联泓新材料科技股份有限公司	28	枣庄市
中国石化青岛炼油化工有限责任公司	20	青岛市
东明恒昌化工有限公司	20	菏泽市
中国石化济南分公司	12	济南市
中国石化齐鲁分公司	7	淄博市
河南省		
中国石化洛阳分公司	22	洛阳市
中国石化中原石油化工有限责任公司	16	濮阳市
湖北省		
中韩（武汉）石油化工有限公司	70	武汉市
中国石化武汉分公司	12	武汉市
中国石化荆门分公司	12	荆门市
湖南省		
中国石化长岭分公司	14	岳阳市
广东省		
中海壳牌石油化工有限公司	70	惠州市
中国石化茂名分公司	67	茂名市
巨正源股份有限公司	60	东莞市
中科（广东）炼化有限公司	55	湛江市

续表

企业名称	产能/（万吨/年）	地区
中国石化广州分公司	40	广州市
中国石化湛江东兴石油化工有限公司	14	湛江市
广西壮族自治区		
广西鸿谊新材料有限公司	30	钦州市
中国石油广西石化分公司	20	钦州市
中国石化北海炼化有限责任公司	20	北海市
海南省		
中国石化海南炼油化工有限公司	20	儋州市
四川省		
中国石油四川石化有限责任公司	45	成都市
云南省		
云天化集团有限责任公司	15	昆明市
陕西省		
陕西延长中煤榆林能源化工有限公司	100	榆林市
蒲城清洁能源化工有限责任公司	40	渭南市
陕西延长石油延安能源化工有限责任公司	30	延安市
中煤陕西榆林能源化工有限公司	30	榆林市
国家能源集团榆林化工有限公司	30	榆林市
陕西延长石油延安炼油厂	30	延安市
甘肃省		
中国石油兰州石化分公司	45	兰州市
中国石油庆阳石化分公司	10	庆阳市
青海省		
青海盐湖工业股份有限公司	16	格尔木市
宁夏回族自治区		
国家能源集团宁夏煤业有限责任公司	160	银川市
宁夏宝丰能源集团股份有限公司	60	银川市
中国石油宁夏石化分公司	10	银川市

续表

企业名称	产能/（万吨/年）	地区
新疆维吾尔自治区		
中国石油独山子石化分公司	69	克拉玛依市
国家能源集团新疆能源有限责任公司	45	乌鲁木齐市

4．2023年中国聚丙烯产业重点企业地理分布

见附图3　2023中国聚丙烯产业企业分布图。

三、正丁醇（NBL）

1．正丁醇产业概况

正丁醇（*n*-Butanol，简称NBL），又名丁醇，是一种重要的有机化工原料，主要用于涂料和胶黏剂。正丁醇主要用作正丁酯类增塑剂的原料，包括邻苯二甲酸酯、脂肪族二元酸酯和磷酸酯等，此类增塑剂广泛应用于橡胶和塑料制品。此外，正丁醇还是制取丁醛、丁酸、丁胺和乳酸丁酯等的原料，也用作有机染料、醇酸树脂涂料添加剂、印刷油墨的溶剂、药物（如维生素、抗生素和激素）、油脂和香料的萃取剂以及脱蜡剂。

正丁醇的生产方法主要有生物发酵法、丙烯羰基合成法和醇醛缩合法3种。其中，丙烯羰基合成法由于原料易得、羰基化工艺压力相对较低、产物正丁醇与异丁醇之比提高以及可同时联产或专门生产辛醇等优点，已成为正丁醇主要的生产方法。目前，中国正丁醇生产企业多采用丙烯羰基合成法，采用生物发酵法的装置产能都比较小。

2022年，中国正丁醇产能276万吨，华东地区是正丁醇的主要生产地，产能占比达67%，其中山东占比是重中之重。在中国其他地区，正丁醇产能分布较为分散，西南、西北、华北等地区产能占比虽然不大，但单套装置产能较大。

2. 正丁醇产业头部企业及产能

企业名称	产能/（万吨/年）	主要相关子公司
中国石油天然气股份有限公司	41.5	中国石油四川石化有限责任公司 中国石油吉林石化分公司
鲁西化工集团股份有限公司	41	
万华化学集团股份有限公司	30	万华化学（烟台）石化有限公司 万华化学（宁波）有限公司
扬子石化-巴斯夫有限责任公司	27.5	
中国石油四川石化有限责任公司	21	
陕西延长石油延安能源化工有限责任公司	20	
江苏华昌化工股份有限公司	20	

3. 正丁醇产业重点企业区域分布

企业名称	产能/（万吨/年）	地区
天津市		
天津渤化永利化工股份有限公司	17	天津市
吉林省		
中国石油吉林石化分公司	12	吉林市
黑龙江		
中国石油大庆石化分公司	8.5	大庆市
江苏省		
扬子石化-巴斯夫有限责任公司	27.5	南京市
江苏华昌化工股份有限公司	20	苏州市
南京诚志清洁能源有限公司	10	南京市
安徽省		
安徽省安庆市曙光化工股份有限公司	12.5	安庆市
山东省		
鲁西化工集团股份有限公司	41	聊城市
万华化学集团股份有限公司	30	烟台市

续表

企业名称	产能/（万吨/年）	地区
兖矿鲁南化工有限公司	13.5	枣庄市
山东华鲁恒升集团有限公司	10	德州市
利华益集团股份有限公司	8.5	东营市
中国石化齐鲁分公司	5	淄博市
山东建兰化工股份有限公司	5	淄博市
广东省		
中海壳牌石油化工有限公司	10.5	惠州市
四川省		
中国石油四川石化有限责任公司	21	成都市
陕西省		
陕西延长石油延安能源化工有限责任公司	20	延安市

四、异辛醇（2EH）

1. 异辛醇产业概况

异辛醇（2-Ethylhexanol，简称2EH），又名辛醇或2-乙基己醇，广泛用于生产邻苯二甲酸二辛酯（PVC增塑剂）、丙烯酸酯、硝酸2-乙基己酯、润滑油添加剂、采矿化学品、特殊增塑剂等。

2022年，中国异辛醇产能235万吨，华东地区是异辛醇集中生产地，占全国总产能的69%。华东地区产能主要集中在山东，山东产能占全国总产能的56%。华北和东北地区异辛醇产能在全国分别居第二位和第三位，占比分别为12%和11%。

2. 异辛醇产业头部企业及产能

企业名称	产能/（万吨/年）	主要相关子公司
鲁西化工集团股份有限公司	38	

续表

企业名称	产能/（万吨/年）	主要相关子公司
中国石油天然气股份有限公司	33	中国石油大庆石化分公司 中国石油吉林石化分公司
天津渤化永利化工股份有限公司	28	
中国石化齐鲁分公司	25.5	
山东建兰化工股份有限公司	21	

3. 异辛醇产业重点企业区域分布

企业名称	产能/（万吨/年）	地区
天津市		
天津渤化永利化工股份有限公司	28	天津市
吉林省		
中国石油吉林石化分公司	12	吉林市
黑龙江省		
中国石油大庆石化分公司	13	大庆市
江苏省		
南京诚志清洁能源有限公司	12.5	南京市
江苏华昌化工股份有限公司	8	苏州市
安徽省		
安徽省安庆市曙光化工股份有限公司	11	安庆市
山东省		
鲁西化工集团股份有限公司	38	聊城市
中国石化齐鲁分公司	25.5	淄博市
山东建兰化工股份有限公司	21	淄博市
利华益集团股份有限公司	14	东营市
山东蓝帆化工有限公司	14	淄博市

续表

企业名称	产能/（万吨/年）	地区
东明东方化工有限公司	10	菏泽市
山东华鲁恒升集团有限公司	8	德州市
广东省		
中海壳牌石油化工有限公司	12	惠州市
四川省		
中国石油四川石化有限责任公司	8	成都市

五、丙烯酸

1. 丙烯酸产业概况

丙烯酸（Acrylic acid）是一种不饱和有机酸，其与聚丙烯、丙烯腈、环氧丙烷一样成为丙烯重要的衍生物。丙烯酸具有优异的聚合和酯化能力，为各种精细化学品的合成与制备提供了极为重要的中间体。

丙烯酸主要下游产品及应用情况：

① 丙烯酸酯　分通用丙烯酸酯和特种丙烯酸酯。通用丙烯酸酯包括丙烯酸甲酯（MA）、丙烯酸乙酯（EA）、丙烯酸丁酯（BA）、丙烯酸辛酯（EHA）。特种丙烯酸酯是含有一个或几个官能团的酯，官能团可为羟基、环氧基、氨基和各种多元醇等。丙烯酸酯是丙烯酸第一大应用领域，因其具有涂膜保光保色性能好、附着力强、耐热、耐候、抗老化、耐水、耐酸碱、耐粘污和对环境友好等特性，广泛应用于涂料和胶黏剂行业。在建筑领域，丙烯酸酯用于水泥改性剂和建筑密封胶，其力学性能、粘接强度和防水性能优于聚醋酸乙烯胶。作为压敏胶黏剂，其主要用于纸、布、非织造布、PE、PVC、OPP等。此外，丙烯酸酯在汽车装饰、电子元件、彩色扩印、电工绝缘、可再剥离胶带等领域也得到了广泛的应用。

特种丙烯酸酯中，丙烯酸烷羟酯主要是HEA（丙烯酸羟乙酯）和HPA（丙烯酸羟丙酯）两种，这是一种含羟基的丙烯酸官能团单体，主要用于热交联型的丙烯酸涂料、油墨和织物加工方面；氨基-丙烯酸酯用于汽车面漆；烷基氨基醇酯用于水处理、纸加工和涂料。特种丙烯酸酯中发展最快的是多元醇和丙烯酸酯化的二、三官能的极性单体，其用于辐射固化，具有快干、高强度、高装饰性和无污染排放等特点，适用于不能受高温烘烤固化的涂料。辐射固化的第二大用途是用于塑料表面的装饰性涂层，并使其具有更好的硬度、耐久性和耐磨性。

② 高吸水性树脂（Super absorbent polymer，简称SAP） 按原料来源分，有淀粉接枝系列、纤维素系列、合成聚合物系列。高吸水性树脂是一种含有羧基、羟基等强亲水性基团，并具有一定交联度网络结构的高分子聚合物，是一种特殊功能材料。它不溶于水，也不溶于有机溶剂，并具有独特的性能，通过水合作用能迅速吸收自身重量500 ~ 1000倍的水，也能吸收几十倍至100倍的食盐水、血液和尿液等液体，同时具有较强的保水能力，应用广泛。

2022年，全球丙烯酸产能约为828.9万吨，产能主要集中在东北亚、西欧以及北美地区，2022年3个地区的产能分别占全球总产能的58%、16%和14%。

2022年，中国丙烯酸产能350万吨，产能分布较为集中，以华东地区为主，占总产能的89.71%，华南地区占比5.71%，东北地区和西北地区也有丙烯酸生产。

2. 丙烯酸产业头部企业及产能

企业名称	产能/（万吨/年）	主要相关子公司
卫星化学股份有限公司	66	
泰兴市昇科化工有限公司	48	

续表

企业名称	产能/（万吨/年）	主要相关子公司
扬子石化-巴斯夫有限责任公司	35	
上海华谊丙烯酸有限公司	32	
台塑工业（宁波）有限公司	32	
万华化学集团股份有限公司	30	万华化学（烟台）石化有限公司
江苏三木集团有限公司	30	

3. 丙烯酸产业重点企业区域分布

企业名称	产能/（万吨/年）	地区
辽宁省		
沈阳石蜡化工有限公司	8	沈阳市
上海市		
上海华谊丙烯酸有限公司	32	上海市
江苏省		
泰兴市昇科化工有限公司	48	泰州市
扬子石化-巴斯夫有限责任公司	35	南京市
江苏三木集团有限公司	30	无锡市
江苏裕廊化工有限公司	20	盐城市
浙江省		
卫星化学股份有限公司	66	嘉兴市
台塑工业（宁波）有限公司	32	宁波市
福建省		
福建滨海化工有限公司	6	福州市
山东省		
万华化学（烟台）石化有限公司	30	烟台市
山东开泰石化股份有限公司	11	滨州市
山东宏信化工股份有限公司	8	淄博市
山东诺尔生物科技有限公司	8	济宁市

续表

企业名称	产能/（万吨/年）	地区
山东恒正新材料有限公司	6	临沂市
广东省		
中海油惠州石化有限公司	14	惠州市
甘肃省		
中国石油兰州石化分公司	8	兰州市

六、环氧丙烷（PO）

1. 环氧丙烷产业概况

环氧丙烷（Propylene oxide，简称PO），又名甲基环氧乙烷或氧化丙烯，是石油化工的重要中间体，其上下游产业链较长且终端应用覆盖面广。环氧丙烷通常由丙烯经不同工艺氧化制得，是除聚丙烯和丙烯腈外的第三大丙烯衍生物。

由环氧丙烷衍生出的下游产品数量较大且应用广泛，环氧丙烷下游的主要产品有聚醚多元醇、丙二醇、丙二醇醚等，这些产品是生产聚氨酯（PU）树脂、不饱和聚酯树脂、增塑剂、阻燃剂、润滑油、碳酸二甲酯等化工产品的重要原料。环氧丙烷终端应用包括家具、家电、汽车、建筑保温材料、涂料等领域。

2022年，全球环氧丙烷产能约为1328.8万吨，产能主要分布在亚洲地区，占全球总产能的58.09%。中国作为全球聚氨酯最主要的消费国，是全球环氧丙烷的最大流入地，各国出口的环氧丙烷90%以上均流入中国，仅少量资源由中东流向东南亚、北美及欧洲等地。

2022年，中国环氧丙烷产能为490.2万吨，华东地区产能占比达45%，居第一位；华东地区居第二位，占比达28%；华南地区居第三位，占比达12%。

2. 环氧丙烷产业头部企业及产能

企业名称	产能/（万吨/年）	主要相关子公司
中海壳牌石油化工有限公司	59	
山东鑫岳化学有限公司	45	
山东金岭集团有限公司	31	山东金岭化工股份有限公司 江苏富强新材料有限公司
吉神化学工业股份有限公司	30	
宁波镇海炼化利安德化学有限公司	28.5	

3. 环氧丙烷产业重点企业区域分布

企业名称	产能/（万吨/年）	地区
天津市		
天津大沽化工股份有限公司	15	天津市
辽宁省		
航锦科技股份有限公司	12	葫芦岛市
吉林省		
吉神化学工业股份有限公司	30	吉林市
江苏省		
南京金陵亨斯迈新材料有限责任公司	24	南京市
江苏富强新材料有限公司	15	淮安市
红宝丽集团泰兴化学有限公司	12	泰州市
浙江省		
宁波镇海炼化利安德化工有限公司	28.5	宁波市
福建省		
中化泉州石化有限公司	20	泉州市
福建湄洲湾氯碱工业有限公司	5	福州市
山东省		
山东鑫岳化学有限公司	45	德州市
滨化集团股份有限公司	28	滨州市

续表

企业名称	产能/（万吨/年）	地区
万华化学（烟台）石化有限公司	24	烟台市
山东三岳化工有限公司	24	滨州市
山东金岭化工股份有限公司	16	东营市
山东大泽化工有限公司	10	菏泽市
东营华泰精细化工有限责任公司	8	东营市
山东石大胜华化工集团股份有限公司垦利分公司	7	东营市
山东中海精细化工有限公司	6.2	滨州市
湖南省		
中国石化长岭分公司	10	岳阳市
广东省		
中海壳牌石油化工有限公司	59	惠州市

七、丙烯腈（ACN）

1. 丙烯腈产业概况

丙烯腈（Acrylonitrile，简称AN或ACN）是合成纤维、合成橡胶和合成树脂的重要单体，主要用于生产聚丙烯腈纤维（腈纶），还用于生产丁腈橡胶、丁腈胶乳、ABS树脂、丙烯酰胺、丙烯酸、己二腈、丁二腈、次甲基戊二腈、溴二酸等产品，也是制造医药、染料、农药、食品添加剂、抗氧剂、表面活性剂的原料。

聚丙烯腈纤维即腈纶，其性能极似羊毛，因此也称合成羊毛。聚丙烯腈纤维可与羊毛混纺成毛线，或织成毛毯、地毯等，还可与棉、人造纤维及其他合成纤维混纺，织成各种衣料和室内用品。聚丙烯腈纤维加工的膨体可以纯纺，或与黏胶纤维混纺。

丙烯腈与丁二烯共聚可制得丁腈橡胶，其具有良好的耐油性、耐寒性、耐磨性和电绝缘性，并且在大多数化学溶剂、阳光和热作用下，性能比较稳定。

丙烯腈与丁二烯、苯乙烯共聚制得ABS树脂，其具有质轻、耐寒、抗冲击性能较好等优点。丙烯腈水解可制得丙烯酰胺和丙烯酸及其酯类。丙烯腈还可通过电解加氢偶联制得己二腈，由己二腈加氢又可制得己二胺，己二胺是尼龙66的原料。

丙烯腈也是生产杀菌剂溴菌腈、霜霉威，杀虫剂毒死蜱、杀虫双、杀螟丹的中间体，还可以制备二氯菊酸甲酯用以生产拟除虫菊酯，也是生产杀虫剂虫满腈的中间体。

2022年，全球丙烯腈产能为852.6万吨，同比增长11.9%，产能主要分布在亚洲、北美及欧洲地区。其中亚洲的丙烯腈产能达到595.4万吨，在全球产能中占比达到68.3%。

2022年，中国丙烯腈总产能为380.9万吨，排名前四位的企业产能达227.2万吨，占全国总产能的59.6%。从区域分布来看，以华东、东北区域为主，两地产能为377.4万吨，占比99%。

2. 丙烯腈产业头部企业及产能

企业名称	产能/（万吨/年）	主要相关子公司
江苏斯尔邦石化有限公司	78	
中国石油天然气集团有限公司	73.9	中国石油吉林石化分公司 中国石油抚顺石化分公司 中国石油大庆炼化分公司 中国石油大庆石化分公司
中国石油化工集团有限公司	73	上海赛科石油化工有限责任公司 中国石化安庆分公司
浙江石油化工有限公司	52	
山东科鲁尔化学有限公司	26	
利华益利津炼化有限公司	26	

3. 丙烯腈产业重点企业区域分布

企业名称	产能/（万吨/年）	地区
辽宁省		
中国石油抚顺石化分公司	9.2	抚顺市
吉林省		
中国石油吉林石化分公司	45.2	吉林市
黑龙江省		
中国石油大庆石化分公司	8	大庆市
中国石油大庆炼化分公司	8	大庆市
上海市		
上海赛科石油化工有限责任公司	52	上海市
江苏省		
江苏斯尔邦石化有限公司	78	连云港市
浙江省		
浙江石油化工有限公司	52	舟山市
安徽省		
中国石化安庆分公司	21	安庆市
山东省		
山东科鲁尔化学有限公司	26	东营市
利华益利津炼化有限公司	26	东营市
山东海力化工股份有限公司	13	淄博市
甘肃省		
中国石油兰州石化分公司	3.5	兰州市

八、环氧氯丙烷（EPI）

1. 环氧氯丙烷产业概况

环氧氯丙烷（Epichlorohydrin，简称EPI）是一种用途较为广泛的基本有机化工原料，是合成甘油的中间体，也是合成环氧树脂、氯醇橡胶等产品的主要原料。它可用于制造玻璃钢、胶黏剂、阳离子交换树脂、电绝缘制品，也可用于溶剂、增塑剂、稳定剂、表面活性剂和医药等领域，还可用于生产各种具有特殊功能的合成树脂。

中国的环氧氯丙烷90%以上用于环氧树脂产业。近年环氧树脂产业受风电及电子产业的带动得到快速发展，成为近5年来推动环氧氯丙烷消费增长的主要动力。后期随着“双碳”政策的实施，风电、覆铜板等产业需求将不断放大，因此环氧树脂将再度焕发生机，未来新增产能将陆续出现。

2022年，中国环氧氯丙烷总产能168.2万吨，主要分布在华东、华中以及华北地区。华东地区最为集中，总产能148万吨，占比87.99%；其次为华中地区，产能11.2万吨，占比为6.66%；再次为华北地区，产能9万吨，占比5.35%。

2. 环氧氯丙烷产业头部企业及产能

企业名称	产能/（万吨/年）	主要相关子公司
江苏瑞祥化工有限公司	15	
江苏海兴化工有限公司	13	
淄博飞源化工有限公司	10	
山东民基新材料科技有限公司	10	
连云港环海化工有限公司	10	

3. 环氧氯丙烷产业重点企业区域分布

企业名称	产能/（万吨/年）	地区
河北省		
河北珈奥甘油化工有限公司	6	邢台市
河北卓泰肥业有限公司	3	邢台市
江苏省		
江苏瑞祥化工有限公司	15	扬州市

续表

企业名称	产能/（万吨/年）	地区
江苏海兴化工有限公司	13	泰州市
连云港环海化工有限公司	10	连云港市
安道麦安邦（江苏）有限公司	2.5	淮安市
浙江省		
浙江豪邦化工有限公司	6	衢州市
宁波环洋新材料股份有限公司	6	宁波市
福建省		
福建豪邦化工有限公司	5.5	龙岩市
江西省		
江西塑星材料有限公司	3	九江市
山东省		
淄博飞源化工有限公司	10	淄博市
山东民基新材料科技有限公司	10	淄博市
滨化集团股份有限公司	7.5	滨州市
无棣鑫岳化工集团有限公司	7	滨州市
东营市联成化工有限责任公司	3.5	东营市
东营市赫邦化工有限公司	3	东营市
河南省		
焦作煤业（集团）开元化工有限责任公司	3	焦作市
湖南省		
建滔（衡阳）实业有限公司	5	衡阳市
中国石化巴陵分公司	3.2	岳阳市

第三节　丁二烯产业链

丁二烯产业链【也称碳四（C4）产业链】通常包括丁烷、1-丁烯、2-

丁烯、异丁烯、1,3-丁二烯等产品，其中以1,3-丁二烯最为重要。C4产品下游应用范围广泛，不同组分的物理及化学性质差异巨大，因此C4的综合利用对于石化企业至关重要。

一、丁二烯（BD）

1. 丁二烯产业链图（图1–4）

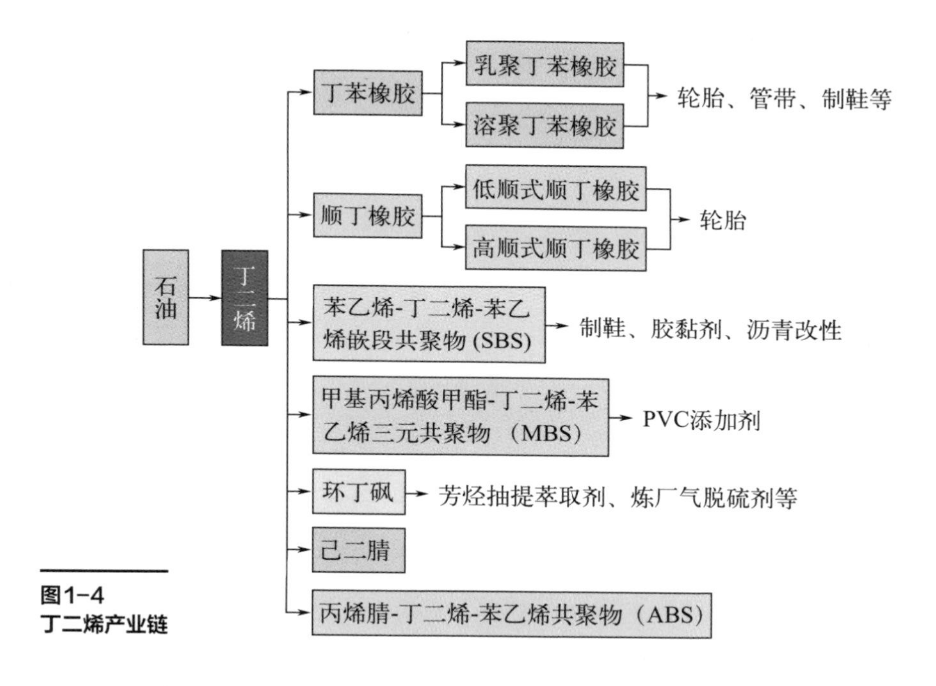

图1–4
丁二烯产业链

2. 丁二烯产业概况

1,3-丁二烯（Butadiene，简称BD），简称丁二烯，是重要的石油化工基础有机原料，工业用途十分广泛。合成橡胶工业是丁二烯最重要的应用领域，消费量占全球丁二烯消费总量的80%，主要用于丁苯橡胶、顺丁橡胶、丁腈橡胶等的合成。

丁二烯在合成树脂中也有广泛的应用，可合成ABS树脂、丁苯透明抗冲树脂（K树脂）、甲基丙烯酸甲酯、丁二烯、苯乙烯三元共聚物（MBS）树脂和热塑性弹性体SBS等。此外，少量的丁二烯还用于生产己二腈、己二胺、尼龙66、环丁砜、1,4-丁二醇以及己内酰胺等有机化工产品。

2022年，中国丁二烯行业总产能584.6万吨，产能区域分布集中度相对较高，虽七个区域都有丁二烯装置的分布，但多集中在华东、华南和东北地区，三大区域产能占行业总产能的比例高达79.49%。详细分析来看，华东地区最为集中，区域内丁二烯总产能262.50万吨，占比44.90%；其次为华南地区，产能109.20万吨，占比18.68%；再次为东北地区，随着大连恒力、宝来石化等企业的装置投产，目前东北地区总产能93万吨，占比15.91%。

3. 丁二烯产业头部企业及产能

企业名称	产能/（万吨/年）	主要相关子公司
中国石油化工集团有限公司	181	中国石化扬子石油化工有限公司 中韩（武汉）石油化工有限公司 上海赛科石油化工有限责任公司 中国石化齐鲁分公司 中沙（天津）石化有限公司
中国石油天然气集团有限公司	89	中国石油独山子石化分公司 中国石油吉林石化分公司 中国石油大庆石化分公司 中国石油抚顺石化分公司
浙江石油化工有限公司	40	
中国海洋石油集团有限公司	34.5	中海壳牌石油化工有限公司
福建联合石油化工有限公司	18	

4. 丁二烯产业重点企业区域分布

企业名称	产能/（万吨/年）	地区
北京市		
中国石化北京燕山分公司	13.5	北京市

续表

企业名称	产能/（万吨/年）	地区
天津市		
中沙（天津）石化有限公司	20	天津市
内蒙古自治区		
久泰能源（准格尔）有限公司	7	鄂尔多斯市
辽宁省		
中国石油抚顺石化分公司	16	抚顺市
恒力石化股份有限公司	14	大连市
北方华锦化学工业股份有限公司	12	盘锦市
宝来利安德巴赛尔石化有限公司	12	盘锦市
中国石油辽阳石化分公司	3	辽阳市
吉林省		
中国石油吉林石化分公司	19	吉林市
黑龙江省		
中国石油大庆石化分公司	17	大庆市
上海市		
上海赛科石油化工有限责任公司	18	上海市
中国石化上海石油化工股份有限公司	12	上海市
江苏省		
中国石化扬子石油化工有限公司	22	南京市
扬子石化-巴斯夫有限责任公司	13	南京市
江苏斯尔邦石化有限公司	10	连云港市
南京诚志清洁能源有限公司	10	南京市
浙江省		
浙江石油化工有限公司	40	舟山市
中国石化镇海炼化分公司	16.5	宁波市
福建省		
福建联合石油化工有限公司	18	泉州市

续表

企业名称	产能/（万吨/年）	地区
中化泉州石化有限公司	12.7	泉州市
山东省		
中国石化齐鲁分公司	17	淄博市
山东玉皇化工有限公司	14	菏泽市
淄博齐翔腾达化工股份有限公司	10	淄博市
山东垦利石化集团有限公司	10	东营市
山东万达集团股份有限公司	6	东营市
万华化学集团股份有限公司	5	烟台市
河南省		
濮阳蓝星新材料有限公司	5	濮阳市
湖北省		
中韩（武汉）石油化工有限公司	19	武汉市
广东省		
中海壳牌石油化工有限公司	24.5	惠州市
中国石化茂名分公司	15	茂名市
中科（广东）炼化有限公司	13	湛江市
中国石化广州分公司	3	广州市
四川省		
中国石油四川石化有限责任公司	15	成都市
甘肃省		
中国石油兰州石化分公司	13.5	兰州市
宁夏回族自治区		
国家能源集团宁夏煤业有限责任公司	6.4	银川市
新疆维吾尔自治区		
中国石油独山子石化分公司	20.5	克拉玛依市

二、丙烯腈-丁二烯-苯乙烯共聚物（ABS）

1. 丙烯腈-丁二烯-苯乙烯共聚物产业概况

丙烯腈-丁二烯-苯乙烯共聚物（Acrylonitrile butadiene styrene copolymers，简称ABS）是一种强度高、韧性好、易于加工成型的热塑性高分子材料。它综合了3种组分的性能，其中丙烯腈具有高硬度和强度、耐热性和耐腐蚀性；丁二烯具有抗冲击性和韧性；苯乙烯具有表面高光泽性、易着色性和易加工性。上述3种组分的特性使ABS树脂成为一种“质坚、性韧、刚性大”、综合性能良好的热塑性树脂。调整3种组分的比例，ABS性能也随之发生变化，以适应各种应用的要求，如高抗冲ABS、耐热ABS、高光泽ABS等。

ABS树脂的成型加工性好，可采用注射、挤出、热成型等方法成型，可进行锯、钻、锉、磨等机械加工，可用三氯甲烷等有机溶剂粘接，还可进行涂饰、电镀等表面处理。ABS树脂还是理想的木材代用品和建筑材料等。ABS树脂强度高，轻便，表面硬度大，非常光滑，易清洁处理，尺寸稳定，抗蠕变性能好，宜作电镀处理材料。ABS注射制品常用来制作壳体、箱体、零部件、玩具等；挤出制品多为板材、棒材、管材等，可进行热压、复合加工及制作模型。ABS树脂在工业中应用极为广泛，而且其应用领域还在不断扩大。

2022年，全球ABS产能1398万吨，主要集中在东北亚地区，占全球总产能的78%。其次是西欧、东南亚和北美地区，分别占全球总产能的8%、6%和6%。2022年，家用电器、电子电器和汽车用ABS在全球总消费中的占比分别为41%、26%和12%。不同区域ABS的下游消费结构稍有差异，但家用电器一直占据主导地位。

2022年，中国ABS产能为710.5万吨，华东地区占比51.02%，东北地区占比20.83%，华北地区占比5.63%。ABS最大的消费在华东和华南地区。

2. 丙烯腈－丁二烯－苯乙烯共聚物产业头部企业及产能

企业名称	产能/（万吨/年）	主要相关子公司
美国詹特拉投资有限责任公司（奇美）	125	镇江奇美化工有限公司 漳州奇美化工有限公司
株式会社LG化学（乐金）	110	宁波乐金甬兴化工有限公司 乐金化学（惠州）化工有限公司
中国石油天然气集团有限公司	73	中国石油吉林石化分公司 中国石油大庆石化分公司 中国石油兰州石化分公司
台塑工业（宁波）有限公司	45	
天津大沽化工股份有限公司	40	

3. 丙烯腈－丁二烯－苯乙烯共聚物产业重点企业区域分布

企业名称	产能/（万吨/年）	地区
天津市		
天津大沽化工股份有限公司	40	天津市
辽宁省		
盘锦辽通化工有限责任公司	20	盘锦市
吉林省		
中国石油吉林石化分公司	58	吉林市
黑龙江省		
中国石油大庆石化分公司	10	大庆市
上海市		
中国石化上海高桥石油化工有限公司	20	上海市
江苏省		
镇江奇美化工有限公司	80	镇江市
盛禧奥聚合物（张家港）有限公司	7.5	苏州市
浙江省		
宁波乐金甬兴化工有限公司	80	宁波市
台塑工业(宁波)有限公司	45	宁波市

续表

企业名称	产能/（万吨/年）	地区
福建省		
漳州奇美化工有限公司	45	漳州市
山东省		
山东海江化工有限公司	20	淄博市
广东省		
乐金化学（惠州）化工有限公司	30	惠州市
广西壮族自治区		
广西科元新材料有限公司	5	防城港市
甘肃省		
中国石油兰州石化分公司	5	兰州市

三、丁苯橡胶（SBR）

1. 丁苯橡胶产业概况

丁苯橡胶（Polymerized styrene butadiene rubber，简称SBR）是橡胶工业的主要产品，是最大的通用合成橡胶品种，也是最早实现工业化生产的合成橡胶品种之一。按聚合工艺，丁苯橡胶分为乳聚丁苯橡胶（ESBR）和溶聚丁苯橡胶（SSBR），前者在生产成本方面更占优势。全球丁苯橡胶装置约有75%采用的是乳聚丁苯橡胶工艺。乳聚丁苯橡胶具有良好的综合性能，工艺成熟，应用广泛，产能、产量和消费量在丁苯橡胶中均居首位。

乳聚丁苯橡胶是合成橡胶中消费量最大的胶种，其产品分为通用品种和特殊品种两大类。通用品种有1000、1500、1600、1700、1800和1900共计6个系列，牌号多达数百种。特殊品种包括液体丁苯橡胶、高苯乙烯丁苯橡胶、丁苯吡橡胶和羧基丁苯橡胶等。

SBR-1500是通用污染型软乳聚丁苯橡胶的最典型品种，生胶黏着性和加工性能优良，硫化胶耐磨性能、拉伸强度、撕裂强度和耐老化性能较好。SBR-1500广泛用于以炭黑为补强剂和对颜色要求不高的产品，如轮胎胎面、翻胎胎面、输送带、胶管、模制品和压出制品等。

SBR-1502是通用非污染型软乳聚丁苯橡胶的最典型品种，其性能与SBR-1500相当，有良好的拉伸强度、耐磨耗和屈挠性能。SBR-1502广泛用于颜色鲜艳和浅色的橡胶制品，如轮胎胎侧、透明胶鞋、胶布、医疗用品和其他彩色制品等。

SBR-1712是一种填充高芳香烃油的污染型软乳聚丁苯橡胶品种，具有优良的黏着性、耐磨性和可加工性以及价格便宜等优点，广泛用于乘用车轮胎胎面胶、输送带、胶管和黑色橡胶制品等。

溶聚丁苯橡胶具有耐磨、耐寒、生热低、收缩性小、色泽好、灰分少、纯度高以及硫化速度快等优点，兼具有滚动阻力小、抗湿滑性和耐磨性能优异等特点，在轮胎工业，尤其是绿色轮胎、防滑轮胎、超轻量轮胎等高性能轮胎中具有广泛的应用。此外，溶聚丁苯橡胶因具有触感好、耐候性好、回弹性好以及永久变形小等优点，可用于制作雨衣、毡布、风衣及气垫床等，还可制作发泡均匀、结构致密的海绵材料。溶聚丁苯橡胶由于其良好的辊筒操作性、压延性、耐磨性以及高填充性，还广泛用于制鞋业。用它制作的鞋，具有色泽鲜艳、触感良好、表面光滑、花纹清晰、不易走形以及硬度适中等特点。与乳聚丁苯橡胶相比，溶聚丁苯橡胶具有生产装置适应能力强、胶种多样化、单体转化率高、排污量小、聚合助剂品种少等优点，是目前重点研究开发和生产的新型合成橡胶品种之一，开发利用前景十分广阔。

2021年，全球丁苯橡胶产能达713.6万吨，产能主要集中在东北亚和北美地区，分别占全球总产能的42.5%和16.7%。丁苯橡胶主要用于生产轮胎、鞋、胶带、胶管、电线电缆及其他各种橡胶制品。其中，轮胎的消费占比最大，达61.0%，其次是制鞋，占20.5%。全球各个地区丁苯橡胶的消费结构略有差异，但轮胎生产均占主要地位。

2022年，中国丁苯橡胶总产能177万吨，分布较为集中，其中华东、东北和华北地区占比较大，分别为33%、21%和20%。华东地区主要以中国石化和民营、合资企业为主，华北、东北和西北地区是以中国石化和中国石油为主。

2. 丁苯橡胶产业头部企业及产能

企业名称	产能/（万吨/年）	主要相关子公司
中国石油天然气集团有限公司	55	中国石油兰州石化分公司 中国石油抚顺石化分公司 中国石油吉林石化分公司 中国石油独山子石化分公司
中国石油化工集团有限公司	53	中国石化齐鲁分公司 中国石化扬子石油化工有限公司 福建省福橡化工有限责任公司
申华化学工业有限公司	17	
杭州宜邦橡胶有限公司	10	
天津市陆港石油橡胶有限公司	10	
浙江维泰橡胶有限公司	10	

3. 丁苯橡胶产业重点企业区域分布

企业名称	产能/（万吨/年）	地区
北京市		
中国石化北京燕山分公司	3	北京市
天津市		
天津市陆港石油橡胶有限公司	10	天津市
辽宁省		
中国石油抚顺石化分公司	20	抚顺市
辽宁北方戴纳索合成橡胶有限公司	3	盘锦市

续表

企业名称	产能/（万吨/年）	地区
吉林省		
中国石油吉林石化分公司	14	吉林市
上海市		
中国石化上海高桥石油化工有限公司	4	上海市
江苏省		
申华化学工业有限公司	17	南通市
中国石化扬子石油化工有限公司	10	南京市
镇江奇美化工有限公司	8	镇江市
浙江省		
杭州宜邦橡胶有限公司	10	杭州市
浙江维泰橡胶有限公司	10	台州市
福建省		
福建省福橡化工有限责任公司	10	泉州市
山东省		
中国石化齐鲁分公司	23	淄博市
湖南省		
中国石化巴陵分公司	3	岳阳市
广东省		
普利司通（惠州）合成橡胶有限公司	5	惠州市
甘肃省		
中国石油兰州石化分公司	15	兰州市
新疆维吾尔自治区		
中国石油独山子石化分公司	6	克拉玛依市

四、顺丁橡胶（BR）

1. 顺丁橡胶产业概况

顺丁橡胶（Butadiene rubber，简称BR）是顺式-1,4-聚丁二烯橡胶的简称。顺丁橡胶是由丁二烯聚合而成的结构规整的合成橡胶，其顺式结构含量在95%以上。根据催化剂的不同，可分成镍系、钴系、钛系和稀土系（钕系）顺丁橡胶。

顺丁橡胶是仅次于丁苯橡胶的第二大合成橡胶。与天然橡胶和丁苯橡胶相比，硫化后其耐寒性、耐磨性和弹性特别优异，动负荷下发热少，耐老化性尚好，易与天然橡胶、氯丁橡胶或丁腈橡胶并用。顺丁橡胶特别适用于制造汽车轮胎和耐寒制品，还可以制造缓冲材料及各种胶鞋、胶布、胶带和海绵胶等。

2022年，全球顺丁橡胶产能为470万吨，主要用于轮胎。2022年，轮胎行业消费顺丁橡胶占总消费量的79%，而其他方面仅占21%。东北亚地区作为全球轮胎的主要生产地，也是顺丁橡胶最大的消费市场。

2022年，中国顺丁橡胶产能为176.2万吨，生产企业多分布于东部沿海及西北、西南、东北地区。其中，华北地区产能占全国总产能的40%，华东地区产能占全国总产能的22%。顺丁橡胶的下游轮胎及其他类橡胶制品领域的消费地以华北、华东为主，近消费端的生产分布特点体现明显。

2. 顺丁橡胶产业头部企业及产能

企业名称	产能/（万吨/年）	主要相关子公司
中国石油化工集团有限公司	57	中国石化北京燕山分公司 中国石化茂名分公司 中国石化扬子石油化工有限公司 中国石化齐鲁分公司 中国石化上海高桥石油化工有限公司
中国石油天然气集团有限公司	41	中国石油大庆石化分公司 中国石油四川石化有限责任公司 中国石油独山子石化分公司 中国石油锦州石化分公司
山东华懋新材料有限公司	10	

续表

企业名称	产能/（万吨/年）	主要相关子公司
浙江传化合成材料有限公司	10	
台橡宇部（南通）化学工业有限公司	7.2	

3. 顺丁橡胶产业重点企业区域分布

企业名称	产能/（万吨/年）	地区
北京市		
中国石化北京燕山分公司	15	北京市
辽宁省		
辽宁胜友橡胶科技有限公司	4	盘锦市
中国石油锦州石化分公司	3	锦州市
辽宁北方戴纳索合成橡胶有限公司	2	盘锦市
黑龙江省		
中国石油大庆石化分公司	16	大庆市
上海市		
中国石化上海高桥石油化工有限公司	6	上海市
江苏省		
中国石化扬子石油化工有限公司	10	南京市
台橡宇部（南通）化学工业有限公司	7.2	南通市
浙江省		
浙江传化合成材料有限公司	10	嘉兴市
福建省		
福建省福橡化工有限责任公司	5	泉州市
山东省		
山东华懋新材料有限公司	10	东营市
中国石化齐鲁分公司	8	淄博市
浩普新材料科技股份有限公司	6	烟台市
山东万达集团股份有限公司	5	济南市

续表

企业名称	产能/（万吨/年）	地区
淄博齐翔腾达化工股份有限公司	5	淄博市
华宇橡胶有限责任公司	4	菏泽市
湖南省		
中国石化巴陵分公司	3	岳阳市
广东省		
中国石化茂名分公司	10	茂名市
四川省		
中国石油四川石化有限责任公司	15	成都市
新疆维吾尔自治区		
中国石油独山子石化分公司	7	克拉玛依市
新疆蓝德精细石油化工股份有限公司	5	克拉玛依市

五、苯乙烯-丁二烯-苯乙烯嵌段共聚物（SBS）

1. 苯乙烯-丁二烯-苯乙烯嵌段共聚物产业概况

苯乙烯-丁二烯-苯乙烯嵌段共聚物（Styrene butadiene styrene segmented copolymer，简称SBS）是以苯乙烯、丁二烯为单体的三嵌段共聚物，兼有塑料和橡胶的特性，被称为“第三代合成橡胶”。产品性能与丁苯橡胶相似，可以与水、弱酸、碱等接触，具有拉伸强度高、表面摩擦系数大、低温性能好、电性能优良、加工性能好等特性，成为目前消费量最大的热塑性弹性体。

2022年，全球SBS产能314.50万吨，同比下滑0.63%，产能变动较小，主要是因为欧美地区部分老旧装置退出，少量新增产能补足缺口，产能整体变动有限。全球产能主要集中在东亚地区，占比72%，其他分布在北美、欧洲，占比分别为12%及10%，还有少量分布在南美及东南亚。

2022年，中国SBS产能159.00万吨，华南地区SBS产能63.50万吨，占比40.00%；其次为华东地区，产能41.50万吨，占比26.00%；再次为华北及华中地区，产能分别为26.00万吨及20.00万吨，占比为16.00%及13.00%；西北地区只有独山子石化8.00万吨/年一套装置，排名最后，占比为5.00%。

2. SBS产业头部企业及产能

企业名称	产能/（万吨/年）	主要相关子公司
惠州李长荣橡胶有限公司	40	
中国石油化工集团有限公司	34	中国石化巴陵分公司 中国石化茂名分公司 中国石化北京燕山分公司
宁波长鸿高分子科技股份有限公司	25	
宁波金海晨光化学股份有限公司	9.5	
中国石油天然气集团有限公司	8	中国石油独山子石化分公司

3. SBS产业重点企业区域分布

企业名称	产能/（万吨/年）	地区
北京市		
中国石化北京燕山分公司	6	北京市
天津市		
天津乐金渤天化学有限责任公司	6	天津市
辽宁省		
辽宁北方戴纳索合成橡胶有限公司	5	盘锦市
浙江省		
宁波长鸿高分子科技股份有限公司	25	宁波市
宁波金海晨光化学股份有限公司	9.5	宁波市
浙江众立合成材料科技股份有限公司	7	平湖市

续表

企业名称	产能/（万吨/年）	地区
福建省		
福建古雷石化有限公司	10	漳州市
山东省		
山东玉皇化工有限公司	6	菏泽市
山东聚圣科技有限公司	3	东营市
华宇橡胶有限责任公司	3	菏泽市
湖南省		
中国石化巴陵分公司	20	岳阳市
广东省		
惠州李长荣橡胶有限公司	40	惠州市
中国石化茂名分公司	8	茂名市
广东众和化塑股份公司	5	茂名市
新疆维吾尔自治区		
中国石油独山子石化分公司	8	克拉玛依市

第四节　芳烃产业链

芳烃产业链【也称碳六（C6）产业链】是石油和化学工业中核心产业链之一，其中纯苯及其衍生物是最主要的产品线。纯苯的应用领域广泛，是芳烃产业链的龙头产品，下游产品主要包括苯乙烯、己内酰胺、苯酚、二苯基甲烷-4,4'-二异氰酸酯（MDI）、己二酸、苯胺、氯苯、硝基苯及顺酐等，也用于生产合成橡胶、塑料、纤维、洗涤剂、染料、医药和炸药，还可以作为油漆、涂料以及农药的溶剂。

一、纯苯

1. 纯苯产业链图（图1-5）

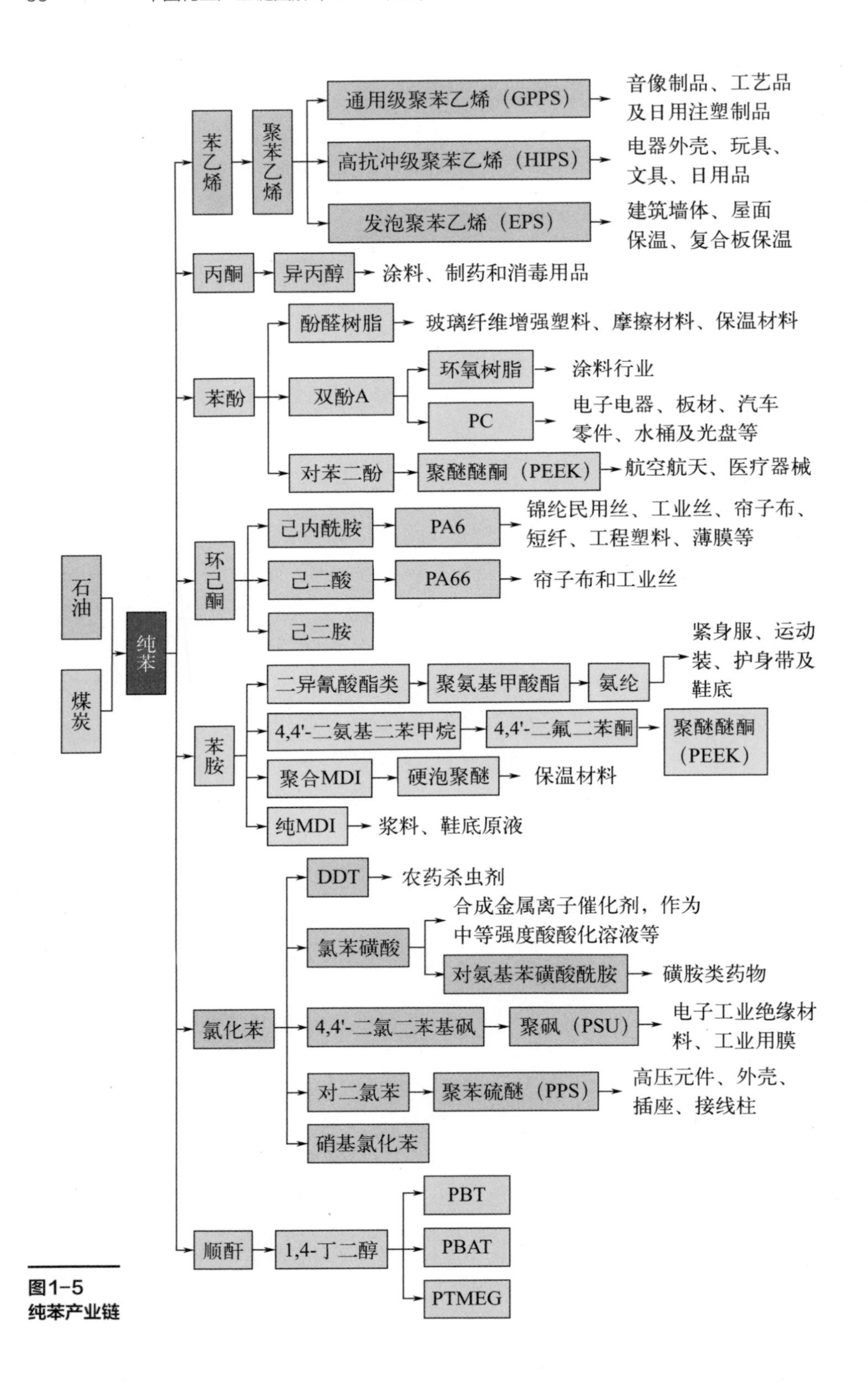

石油
煤炭
纯苯
苯乙烯
聚苯乙烯
通用级聚苯乙烯（GPPS）
音像制品、工艺品及日用注塑制品
高抗冲级聚苯乙烯（HIPS）
电器外壳、玩具、文具、日用品
发泡聚苯乙烯（EPS）
建筑墙体、屋面保温、复合板保温
丙酮
异丙醇
涂料、制药和消毒用品
苯酚
酚醛树脂
玻璃纤维增强塑料、摩擦材料、保温材料
双酚A
环氧树脂
涂料行业
PC
电子电器、板材、汽车零件、水桶及光盘等
对苯二酚
聚醚醚酮（PEEK）
航空航天、医疗器械
环己酮
己内酰胺
PA6
锦纶民用丝、工业丝、帘子布、短纤、工程塑料、薄膜等
己二酸
PA66
帘子布和工业丝
己二胺
苯胺
二异氰酸酯类
聚氨基甲酸酯
氨纶
紧身服、运动装、护身带及鞋底
4,4'-二氨基二苯甲烷
4,4'-二氟二苯酮
聚醚醚酮（PEEK）
聚合MDI
硬泡聚醚
保温材料
纯MDI
浆料、鞋底原液
氯化苯
DDT
农药杀虫剂
氯苯磺酸
合成金属离子催化剂，作为中等强度酸酸化溶液等
对氨基苯磺酸酰胺
磺胺类药物
4,4'-二氯二苯基砜
聚砜（PSU）
电子工业绝缘材料、工业用膜
对二氯苯
聚苯硫醚（PPS）
高压元件、外壳、插座、接线柱
硝基氯化苯
顺酐
1,4-丁二醇
PBT
PBAT
PTMEG

图1-5
纯苯产业链

2. 纯苯产业概况

纯苯（Benzene，简称BZ）是最重要的基本有机化工原料之一，下游衍生领域极其广泛。其主要用于制造苯乙烯、苯酚、苯胺、己内酰胺、己二酸、氯化苯等产品，进而可用于合成橡胶、塑料、纤维、洗涤剂、染料、医药以及炸药的生产，也可用作油漆、涂料以及农药的溶剂。

作为重要的化工中间体，纯苯下游产品种类丰富，产业链较长，次级衍生产品主要有4种：乙苯、异丙苯、环己烷和硝基苯，其他较为重要的衍生物还有烷基苯、顺酐和氯化苯等。纯苯按照原料来源不同分为石油苯和焦化苯。目前，全球纯苯生产主要来源于石油馏分催化重整、乙烯装置联产、炼油厂重整芳烃抽提、对二甲苯装置甲苯歧化和煤焦油抽提。

2022年，全球纯苯产能达7437万吨，产能主要集中在东北亚、北美和西欧地区，这3个地区的产能分别占全球总产能的47%、13%和13%。

2022年，中国纯苯产能2014万吨，产能分布较为集中。其中，华东地区占比最大，达55%；东北地区居第二位，占比18%；华南地区占比10%，位居第三。

3. 纯苯产业头部企业及产能

企业名称	产能/（万吨/年）	主要相关子公司
中国石油化工集团有限公司	537.4	中国石化上海石油化工股份有限公司 中国石化扬子石油化工有限公司 中国石化镇海炼化分公司 福建联合石油化工有限公司
中国石油天然气集团有限公司	372.7	中国石油辽阳石化分公司 中国石油四川石化有限责任公司 中国石油乌鲁木齐石化分公司 中国石油独山子石化分公司

续表

企业名称	产能/（万吨/年）	主要相关子公司
荣盛石化股份有限公司	305	浙江石油化工有限公司 宁波中金石化有限公司
中国海洋石油集团有限公司	117	中海油惠州石化有限公司 中海壳牌石油化工有限公司 中海石油宁波大榭石化有限公司 中海油气（泰州）石化有限公司
恒力石化股份有限公司	110	
中国中化集团有限公司	91	中化泉州石化有限公司 中化弘润石油化工有限公司
福建石油化工集团有限责任公司	79	福建联合石油化工有限公司 福建福海创石油化工有限公司
大连福佳·大化石油化工有限公司	42	
东营威联化学有限公司	30	
青岛丽东化工有限公司	29.5	

4. 纯苯产业重点企业区域分布

企业名称	产能/（万吨/年）	地区
北京市		
中国石化北京燕山分公司	29	北京市
天津市		
中国石化天津分公司	34	天津市
中国石油大港石化分公司	3	天津市
河北省		
中国石油华北石化分公司	12	沧州市
中国石化石家庄炼化分公司	6.8	石家庄市
河北新启元能源技术开发股份有限公司	6	沧州市
河北鑫海化工集团有限公司	5	沧州市
中海石油中捷石化有限公司	4	沧州市

续表

企业名称	产能/（万吨/年）	地区
盛腾科技集团有限公司	3	沧州市
中国石化沧州分公司	2	沧州市
内蒙古自治区		
中国石油呼和浩特石化分公司	2.5	呼和浩特市
辽宁省		
恒力石化股份有限公司	110	大连市
中国石油辽阳石化分公司	47	辽阳市
大连福佳·大化石油化工有限公司	42	大连市
中国石油抚顺石化分公司	28	抚顺市
辽宁中油宝来石油化工有限公司	20	盘锦市
中国石油大连石化分公司	18	大连市
北方华锦化学工业股份有限公司	13	盘锦市
大连西太平洋石油化工有限公司	8.7	大连市
盘锦浩业化工有限公司	6	盘锦市
中国石油辽河石化分公司	3	盘锦市
沈阳石蜡化工有限公司	3	沈阳市
中国石油锦州石化分公司	3	锦州市
吉林省		
中国石油吉林石化分公司	31	吉林市
黑龙江省		
中国石油大庆石化分公司	31	大庆市
中国石油哈尔滨石化分公司	3.9	哈尔滨市
黑龙江省海国龙油石化股份有限公司	3	大庆市
上海市		
中国石化上海石油化工股份有限公司	55	上海市
上海赛科石油化工有限责任公司	22	上海市
中国石化上海高桥石油化工有限公司	15	上海市

续表

企业名称	产能/（万吨/年）	地区
江苏省		
中国石化扬子石油化工有限公司	49	南京市
中国石化金陵分公司	28	南京市
扬子石化-巴斯夫有限责任公司	15	南京市
中海油气（泰州）石化有限公司	7	泰州市
江苏新海石化有限公司	5	连云港市
浙江省		
浙江石油化工有限公司	257	舟山市
中国石化镇海炼化分公司	55	宁波市
宁波中金石化有限公司	48	宁波市
中海石油宁波大榭石化有限公司	12	宁波市
宁波科元精化股份有限公司	5	宁波市
中海石油舟山石化有限公司（舟山和邦化学）	5	舟山市
安徽省		
中国石化安庆分公司	6.3	安庆市
福建省		
中化泉州石化有限公司	45	泉州市
福建联合石油化工有限公司	45	泉州市
福建福海创石油化工有限公司	24	漳州市
福建古雷石化有限公司	10	漳州市
江西省		
中国石化九江分公司	17	九江市
山东省		
东营威联化学有限公司	30	东营市
青岛丽东化工有限公司	29.5	青岛市
中国石化齐鲁分公司	24	淄博市
中化弘润石油化工有限公司	23	潍坊市

续表

企业名称	产能/（万吨/年）	地区
山东寿光鲁清石化有限公司	15.5	潍坊市
山东东明石化集团有限公司	10	菏泽市
山东齐旺达石油化工有限公司	8	淄博市
淄博齐岭南化工科技有限公司	8	淄博市
山东京博石油化工有限公司	8	滨州市
山东垦利石化集团有限公司	7	东营市
山东胜星化工有限公司	7	东营市
中国石化青岛炼油化工有限责任公司	7	青岛市
东营市亚通石化有限公司	6	东营市
山东昌邑石化有限公司	6	潍坊市
山东华星石油化工集团有限公司	5	东营市
利华益利津炼化有限公司	5	东营市
山东齐成石油化工有限公司	5	东营市
正和集团股份有限公司	5	东营市
东营齐润化工有限公司	3.5	东营市
东营市海科瑞林化工有限公司	3.5	东营市
山东汇丰石化集团有限公司	3.5	淄博市
中海（东营）石化有限公司	3	东营市
山东金诚石化集团有限公司	3	淄博市
山东海化股份有限公司	3	潍坊市
中国石化济南分公司	3	济南市
中海外能源科技（山东）有限公司	2	日照市
淄博鑫泰石化有限公司	1.5	淄博市
中国石化青岛石油化工有限责任公司	1	青岛市
河南省		
中国石化洛阳分公司	15.6	洛阳市
洛阳宏兴新能源化工有限公司	5	洛阳市
中国石化中原石油化工有限责任公司	4.4	濮阳市

续表

企业名称	产能/（万吨/年）	地区
湖北省		
中韩（武汉）石油化工有限公司	16.6	武汉市
中国石化荆门分公司	5	荆门市
武汉凯顺石化科技有限公司	3	武汉市
湖南省		
中国石化长岭分公司	4	岳阳市
广东省		
中海油惠州石化有限公司	65	惠州市
中国石化茂名分公司	35.5	茂名市
中海壳牌石油化工有限公司	24	惠州市
中科（广东）炼化有限公司	15	湛江市
中国石化广州分公司	10	广州市
中国石化湛江东兴石油化工有限公司	5.5	湛江市
珠海长炼石化有限公司	5	珠海市
茂名市银峰石化有限公司	4	茂名市
广西壮族自治区		
中国石油广西石化分公司	12	钦州市
中国石化北海炼化有限责任公司	3	北海市
海南省		
中国石化海南炼油化工有限公司	27.5	洋浦经济开发区
四川省		
中国石油四川石化有限责任公司	45	成都市
云南省		
中国石油云南石化有限公司	8	昆明市
陕西省		
陕西延长石油（集团）有限责任公司	18	延安市
中国石油长庆石化分公司	3	咸阳市

续表

企业名称	产能/（万吨/年）	地区
甘肃省		
中国石油兰州石化分公司	21	兰州市
中国石油庆阳石化分公司	3	庆阳市
青海省		
中国石油青海油田分公司	1	格尔木市
宁夏回族自治区		
宁夏宝廷新能源有限公司	4.2	银川市
中国石油宁夏石化分公司	2	银川市
新疆维吾尔自治区		
中国石油乌鲁木齐石化分公司	37.5	乌鲁木齐市
中国石油独山子石化分公司	31	克拉玛依市
中国石油克拉玛依石化分公司	3	克拉玛依市
中国石化塔河炼化有限责任公司	1	库车市

5. 2023年纯苯产业重点企业地理分布

见附图4　2023中国纯苯产业企业分布图。

二、苯乙烯（SM）

1. 苯乙烯产业概况

苯乙烯（Styrene monomer，简称SM）最重要的用途是作为合成橡胶和塑料的单体，用来生产丁苯橡胶、聚苯乙烯、泡沫聚苯乙烯；也用于与其他单体共聚生产多种不同用途的工程塑料，如与丙烯腈、丁二烯共聚制得ABS树脂，广泛用于各种家用电器及工业领域；与丙烯腈共聚制得的苯乙烯-丙烯腈共聚物（SAN）是一种抗冲击、色泽光亮的树脂；与丁二烯共聚制得的SBS是一种热塑性橡胶，主要用于橡胶制品、树脂改良剂、黏合剂和沥青改性剂四大领域。此外，苯乙烯还可用于制药、染料、农药以及选矿等领域。

目前，全球苯乙烯生产方法主要有乙苯脱氢法、环氧丙烷-苯乙烯（PO/SM）联产法和裂解汽油抽提法（C8抽提法）等。全球苯乙烯的主流生产工艺是乙苯脱氢法，这种方法占全球总产量的80%以上。

2022年，全球苯乙烯产能约4310.1万吨，主要集中在东北亚、欧洲和北美地区，3个地区的产能分别占全球总产能的62.23%、14.45%和13.88%，这3个地区也是全球苯乙烯的主要消费区域。

2022年，中国苯乙烯产能达到1759.2万吨，产能分布较为集中。其中，华东、东北、华南地区占比较大，分别为62%、13%和12%。

2. 苯乙烯产业重点企业及其产能

企业名称	产能/（万吨/年）	主要相关子公司
中国石油化工集团有限公司	240.5	上海赛科石油化工有限责任公司 宁波镇海炼化利安德化学有限公司 中国石化齐鲁分公司 中石化巴陵石油化工有限公司 中国石化安庆分公司
中国海洋石油集团有限公司	188	中海壳牌石油化工有限公司 中海石油宁波大榭石化有限公司 中海油东方石化有限责任公司
中国石油天然气集团有限公司	126.5	中国石油吉林石化分公司 中国石油独山子石化分公司 中国石油大庆石化分公司
浙江石油化工有限公司	120	
山东利华益利津炼化有限公司	80	
恒力石化股份有限公司	72	
新阳科技集团有限公司	60	
福建古雷石化有限公司	60	
天津渤海化工集团有限责任公司	50	天津大沽化工股份有限公司

续表

企业名称	产能/（万吨/年）	主要相关子公司
青岛海湾集团有限公司	50	青岛海湾化学有限公司

3. 苯乙烯产业重点企业区域分布

企业名称	产能/（万吨/年）	地区
北京市		
中国石化北京燕山分公司	10.7	北京市
天津市		
天津大沽化工股份有限公司	50	天津市
中沙（天津）石化有限公司	3.5	天津市
河北省		
唐山旭阳化工有限公司	30	唐山市
盛腾科技集团有限公司	8	沧州市
辽宁省		
恒力石化股份有限公司	72	大连市
宝来利安德巴赛尔石化有限公司	35	盘锦市
北方华锦化学工业集团有限公司	17.7	盘锦市
锦州开元石化有限责任公司	8	锦州市
中国石油锦西石化分公司	6	葫芦岛市
中国石油抚顺石化分公司	6	抚顺市
吉林省		
中国石油吉林石化分公司	46	吉林市
黑龙江省		
中国石油大庆石化分公司	22.5	大庆市
大庆三聚能源净化有限公司	3	大庆市
上海市		
上海赛科石油化工有限责任公司	68	上海市

续表

企业名称	产能/（万吨/年）	地区
江苏省		
新阳科技集团有限公司	60	常州市
双良集团有限公司	42	无锡市
新浦化学（泰兴）有限公司	32	泰州市
阿贝尔化学（江苏）有限公司	25	泰州市
常州东昊化工有限公司	20	常州市
扬子石化-巴斯夫有限责任公司	13	南京市
浙江省		
浙江石油化工有限公司	120	舟山市
宁波镇海炼化利安德化学有限公司	62	宁波市
中海石油宁波大榭石化有限公司	36	宁波市
宁波科元精化股份有限公司	25	宁波市
中国石化镇海炼化分公司	3.5	宁波市
安徽省		
安徽昊源化工集团有限公司	26	阜阳市
中国石化安庆分公司	10	安庆市
福建省		
福建古雷石化有限公司	60	漳州市
江西省		
中国石化九江分公司	8	九江市
山东省		
山东利华益利津炼化有限公司	80	东营市
青岛海湾化学有限公司	50	青岛市
山东玉皇化工有限公司	45	菏泽市
中国石化齐鲁分公司	20	淄博市
中国石化青岛炼油化工有限责任公司	8	青岛市
山东华星石油化工集团有限公司	8	东营市
山东晟原石化科技有限公司	8	菏泽市

续表

企业名称	产能/(万吨/年)	地区
湖北省		
中韩(武汉)石油化工有限公司	2.8	武汉市
湖南省		
中石化巴陵石油化工有限公司	12	岳阳市
广东省		
中海壳牌石油化工有限公司	140	惠州市
中国石化茂名分公司	10	茂名市
中国石化广州分公司	8	广州市
中科(广东)炼化有限公司	6	湛江市
广东新华粤石化集团股份公司	3	茂名市
海南省		
中海油东方石化有限责任公司	12	东方市
中国石化海南炼油化工有限公司	8	洋浦经济开发区
陕西省		
陕西延长石油(集团)有限责任公司	12	延安市
甘肃省		
中国石油兰州石化分公司	6	兰州市
兰州汇丰石化有限公司	2.5	兰州市
新疆维吾尔自治区		
中国石油独山子石化分公司	32	克拉玛依市
新疆天利石化控股集团有限公司	4	克拉玛依市

三、聚苯乙烯(PS)

1. 聚苯乙烯产业概况

聚苯乙烯(Polystyrene,简称PS)是以苯乙烯为主要原料聚合而成的热塑性树脂,是可反复加热软化、冷却固化的一类合成树脂。聚苯乙烯具有质硬、透明、电绝缘性、低吸湿性和优良的加工性能,因此可广泛应用于电子电器、建筑材料、包装材料和日用品等领域。聚苯乙烯是热塑性非结晶性树脂，可由多种合成方法聚合而成，主要有通用级聚苯乙烯（GPPS）、高抗冲级聚苯乙烯（HIPS）和可发性聚苯乙烯（EPS）。

工业上聚苯乙烯主要采用两种生产工艺：本体法及悬浮法。本体法是最主要的生产方法，目前全球85%以上的PS和HIPS采用连续本体法工艺生产。

2022年，全球聚苯乙烯产能约为1664万吨，生产和消费主要集中在东北亚、北美和西欧地区。

2022年，中国聚苯乙烯产能525万吨，产能分布较为集中，主要集中在华东、华南和华北地区，占比分别为69%、17%和9%。

2. 聚苯乙烯产业重点企业及产能

企业名称	产能/（万吨/年）	主要相关子公司
中国石油化工集团有限公司	66	上海赛科石油化工有限责任公司 扬子石化-巴斯夫有限责任公司 中国石化广州分公司 中国石化北京燕山分公司
镇江奇美化工有限公司	52	
江苏中信国安新材料有限公司	46	
英力士集团（INEOS）	40	英力士苯领高分子材料（宁波）有限公司 英力士苯领高分子材料（佛山）有限公司
惠州仁信新材料股份有限公司	33	

3. 聚苯乙烯产业重点企业区域分布

企业名称	产能/（万吨/年）	地区
北京市		
中国石化北京燕山分公司	5	北京市

续表

企业名称	产能/（万吨/年）	地区
天津市		
天津仁泰新材料股份有限公司	14	天津市
河北省		
河北宝晟新型材料有限公司	10	沧州市
辽宁省		
北方华锦化学工业股份有限公司	4	盘锦市
上海市		
上海赛科石油化工有限责任公司	35	上海市
江苏省		
镇江奇美化工有限公司	52	镇江市
江苏中信国安新材料有限公司	46	无锡市
扬子石化-巴斯夫有限责任公司	20	南京市
江苏赛宝龙石化有限公司	20	苏州市
江苏绿安擎峰新材料有限公司	15	苏州市
雅仕德化工（江苏）有限公司	12	苏州市
浙江省		
台化兴业（宁波）有限公司	25	宁波市
英力士苯领高分子材料（宁波）有限公司	20	宁波市
宁波利万新材料有限公司	20	宁波市
福建省		
福建天原化工有限公司	12	泉州市
山东省		
山东玉皇化工有限公司	20	菏泽市
山东道尔新材料科技有限公司	10	菏泽市
山东岚化化工有限公司	10	日照市
广东省		
惠州仁信新材料股份有限公司	33	惠州市
英力士苯领高分子材料（佛山）有限公司	20	佛山市

续表

企业名称	产能/（万吨/年）	地区
星辉环保材料股份有限公司	15	汕头市
湛江新中美化学有限公司	10	湛江市
中国石化广州分公司	6	广州市
广西壮族自治区		
广西长科新材料有限公司	5	防城港市
新疆维吾尔自治区		
中国石油独山子石化分公司	22	克拉玛依市

四、丙酮

1. 丙酮产业概况

丙酮（Acetone），又名二甲基酮，是重要的有机合成原料，用于生产环氧树脂、聚碳酸酯、医药、农药等；亦是良好的溶剂，用于涂料、胶黏剂、钢瓶乙炔等；可用作稀释剂、清洗剂、萃取剂；是制造醋酐、双丙酮醇、氯仿、碘仿、聚异戊二烯橡胶、甲基丙烯酸甲酯等的重要原料；在无烟火药、塑料、醋酸纤维、喷漆等领域中用作溶剂；在油脂等工业中用作提取剂。

丙酮的主要生产方法有异丙醇法、异丙苯法、发酵法、乙炔水合法和丙烯直接氧化法。目前全球丙酮的工业生产以异丙苯法为主，三分之二的丙酮是制备苯酚的副产品，是异丙苯氧化后的产物之一。

2022年，全球丙酮产能延续传统分布格局，产能为918万吨，主要分布在东北亚、北美、西欧等地。其中亚洲地区丙酮产品最为集中，产能主要分布在中国。

2022年，中国丙酮产能达到259万吨，共计15家生产企业，占全球比重为28.21%。从全球来看，依托强劲的下游需求以及新增装置的不断上马，中国依旧是丙酮最大的消费国。

2. 丙酮产业头部企业及其产能

企业名称	产能/(万吨/年)	主要相关子公司
中国石油化工集团有限公司	40	中国石化上海高桥石油化工有限公司 中沙（天津）石化有限公司 中国石化北京燕山分公司
利华益维远化学股份有限公司	26	
荣盛石化股份有限公司	25	浙江石油化工有限公司
台化兴业（宁波）有限公司	24	
长春化工（江苏）有限公司	18	

3. 丙酮产业重点企业区域分布

企业名称	产能/(万吨/年)	地区
北京市		
中国石化北京燕山分公司	12	北京市
天津市		
中沙（天津）石化有限公司	13	天津市
吉林省		
中国石油吉林石化分公司	6	吉林市
黑龙江省		
中国蓝星哈尔滨石化有限公司	6	哈尔滨市
上海市		
中国石化上海高桥石油化工有限公司	15	上海市
西萨化工（上海）有限公司	15	上海市
上海中石化三井化工有限公司	15	上海市
江苏省		
长春化工（江苏）有限公司	18	苏州市
实友化工（扬州）有限公司	12	扬州市
浙江省		
浙江石油化工有限公司	25	舟山市

续表

企业名称	产能/（万吨/年）	地区
台化兴业（宁波）有限公司	24	宁波市
山东省		
利华益维远化学股份有限公司	26	东营市
广东省		
中海壳牌石油化工有限公司	13	惠州市
惠州忠信化工有限公司	12	惠州市

五、苯酚

1. 苯酚产业概况

苯酚（Phenol）是重要的有机化工原料，其可制备酚醛树脂、己内酰胺、双酚A、水杨酸、苦味酸、五氯酚、2,4-二氯苯氧乙酸（2,4-D）、己二酸、酚酞、*N*-乙酰乙氧基苯胺等化工产品及中间体，在化工原料、烷基酚、合成纤维、塑料、合成橡胶、医药、农药、香料、染料、涂料和炼油等领域有着重要用途。此外，苯酚还可用作溶剂、实验试剂和消毒剂，苯酚的水溶液可使植物细胞内染色体上蛋白质与DNA分离，便于对DNA进行染色。

苯酚最早是从煤焦油回收获得，目前绝大部分是采用合成方法。全球苯酚生产方法有异丙苯法、甲苯氯化法、氯苯法、磺化法。异丙苯法已占世界苯酚产量的90%以上。我国苯酚生产方法有异丙苯法和磺化法两种。由于磺化法消耗大量硫酸和烧碱，目前我国只保留少数磺化法装置，逐步以异丙苯法替代。

2022年，全球苯酚产能为1434万吨，主要分布在东北亚、西欧和北美地区，其中东北亚产能占比最大，超过45%，西欧及北美地区旗鼓相当，产能占比均不足20%。

2022年，中国苯酚产能区域分布较为集中，新增产能集中在华东和华北地区。3月浙江石化二期苯酚新增产能40万吨，4月西萨化工（上海）苯酚扩能5万吨，华东地区苯酚总产能达到239万吨，产能区域占比最大，为57%；其次是华北地区，苯酚新增产能40万吨，总产能达到124万吨，占比为29%；排在第三位的是华南地区，苯酚产能40万吨，占比为10%；最后是东北地区，苯酚产能18万吨，占比为4%。

2. 苯酚产业头部企业及产能

企业名称	产能/（万吨/年）	主要相关子公司
中国石油化工集团有限公司	65	中国石化上海高桥石油化工有限公司 中沙（天津）石化有限公司 中国石化北京燕山分公司
利华益维远化学股份有限公司	44	
荣盛石化股份有限公司	40	浙江石油化工有限公司
台化兴业（宁波）有限公司	39	
长春化工（江苏）有限公司	30	

3. 苯酚产业重点企业区域分布

企业名称	产能/（万吨/年）	地区
北京市		
中国石化北京燕山分公司	18	北京市
天津市		
中沙（天津）石化有限公司	22	天津市
吉林省		
中国石油吉林石化分公司	9	吉林市
黑龙江省		
中国蓝星哈尔滨石化有限公司	9	哈尔滨市

续表

企业名称	产能/（万吨/年）	地区
上海市		
中国石化上海高桥石油化工有限公司	25	上海市
西萨化工（上海）有限公司	25	上海市
上海中石化三井化工有限公司	25	上海市
江苏省		
长春化工（江苏）有限公司	30	苏州市
实友化工（扬州）有限公司	20	扬州市
浙江省		
浙江石油化工有限公司	40	舟山市
台化兴业（宁波）有限公司	39	宁波市
山东省		
利华益维远化学股份有限公司	44	东营市
广东省		
中海壳牌石油化工有限公司	22	惠州市
惠州忠信化工有限公司	18	惠州市

六、己二酸

1. 己二酸产业概况

己二酸（Adipicacid），又称肥酸，是有机合成的中间体之一，主要用于合成纤维尼龙66，约占己二酸消费总量的70%，另外30%己二酸用于制备聚氨酯、合成树脂、合成革、聚酯泡沫片塑料、塑料增塑剂、润滑剂、食品添加剂、胶黏剂、杀虫剂、染料、香料、医药等。

国内外己二酸生产工艺大多以苯为起始原料，一般先由苯催化加氢制成环己烷，然后用空气氧化制取KA油（环己醇和环己酮的混合物），或部分加氢生成环己烯，再水合生成环己醇，利用硝酸氧化制得己二酸，即两步氧化法。

2022年，全球己二酸总产能达502万吨，产能主要集中在东北亚、北美和西欧地区，占比分别为64.5%、17.3%和16.1%。

2022年，中国己二酸产能达到294万吨。华东地区占比34.86%，居首位，其中以山东企业为主，包括华鲁恒升、洪业化工（洪业、洪达）和海力化工（山东海力、江苏海力）。西南地区仅有一家生产企业（重庆华峰），但其是国内第一大生产企业，产能为94万吨，使得西南地区产能占比达31.97%，居第二位。产能居第三位的是华中地区，亦是仅有神马集团一家生产企业，产能47万吨，占比15.99%。

2. 己二酸产业头部企业及产能

企业名称	产能/（万吨/年）	主要相关子公司
重庆华峰化工有限公司	74	
中国平煤神马能源化工集团有限责任公司	47	
山东华鲁恒升集团有限公司	36	
江苏海力化工股份有限公司	30	
山东海力化工股份有限公司	22.5	
山东洪鼎化工有限公司	14	

3. 己二酸产业重点企业区域分布

企业名称	产能/（万吨/年）	地区
河北省		
唐山中浩化工有限公司	15	唐山市
山西省		
阳煤集团太原化工新材料有限公司	14	太原市
辽宁省		
中国石油辽阳石化分公司	14	辽阳市

续表

企业名称	产能/（万吨/年）	地区
江苏省		
江苏海力化工有限公司	30	盐城市
山东省		
山东华鲁恒升集团有限公司	36	德州市
山东海力化工股份有限公司	22.5	淄博市
山东洪鼎化工有限公司	14	菏泽市
河南省		
中国平煤神马能源化工集团有限责任公司	47	平顶山市
重庆市		
重庆华峰化工有限公司	74	重庆市
新疆维吾尔自治区		
新疆天利高新石化股份有限公司	7.5	克拉玛依市

七、二苯甲烷二异氰酸酯

1. 二苯甲烷二异氰酸酯产业概况

二苯甲烷二异氰酸酯，简称MDI，是一种有机物，白色至淡黄色熔融固体，有4,4'-二苯甲烷二异氰酸酯、2,4'-二苯甲烷二异氰酸酯、2,2'-二苯甲烷二异氰酸酯等异构体。其为芳烃下游主要产品，广泛应用于聚氨酯弹性体，制造合成纤维、人造革、无溶剂涂料等聚氨酯。产品可分为纯MDI、聚合MDI、MDI-50、液化MDI、改性MDI等。

2022年全球MDI总产能1017万吨，全球共7家生产企业，CR5（规模前五名的公司所占的市场份额）高达90.86%。万华化学集团产能居全球首位，达305万吨，占全球总产能29.99%，包括烟台万华110万吨、宁波万华120万吨、福建万华40万吨、匈牙利宝思德35万吨；产能排名第二的是科思创，达179万吨；排名第三的是巴斯夫，达142万吨；排名第四的是亨斯迈，达137万吨；排名第五的是陶氏化学，达113万吨。

2022年中国MDI总产能438万吨，CR5高达100%，国内有5家生产企业，保持超高集中度。2022年，万华集团总产能达270万吨，居第一位，占中国总产能的61.64%。巴斯夫、科思创产能分列第二位、第三位，分别是62万吨、60万吨，占比分别为14.16%、13.70%；还有上海亨斯迈38万吨、东曹（瑞安）8万吨。

2. MDI产业头部企业及产能

企业名称	产能/（万吨/年）	主要相关子公司
万华化学集团股份有限公司	230	万华化学（宁波）有限公司 万华化学（烟台）有限公司
巴斯夫聚氨酯(中国)有限公司	62	巴斯夫聚氨酯（重庆）有限公司 上海巴斯夫聚氨酯有限公司
科思创聚合物（中国）有限公司	60	
上海亨斯迈聚氨酯有限公司	38	

3. MDI产业重点企业区域分布

企业名称	产能/（万吨/年）	地区
山东省		
万华化学（烟台）有限公司	110	烟台市
浙江省		
万华化学（宁波）有限公司	120	宁波市
东曹（瑞安）聚氨酯有限公司	8	温州市
上海市		
科思创聚合物（中国）有限公司	60	上海市
上海亨斯迈聚氨酯有限公司	38	上海市
上海巴斯夫聚氨酯有限公司	22	上海市
重庆市		
巴斯夫聚氨酯（重庆）有限公司	40	重庆市

八、尼龙6（PA6）

1. 尼龙6产业概况

尼龙6（Polyamide 6，Nylon 6，简称PA6），又称聚酰胺6、锦纶6，是尼龙材料最主要的产品之一，广泛应用于纺丝、注塑、薄膜等方面。尼龙6纤维是最早开发的合成纤维，应用于电子电气、军工、铁路、汽车、纺织、农业配件等领域。除传统的尼龙纤维应用领域，功能纤维的应用在逐渐扩大，并呈现向工程塑料、薄膜制造等方向拓展的趋势。

2021年，全球尼龙6产能1004万吨，东北亚地区产能占据全球首位，占比达71%；产能居第二位的是西欧地区，占比达11%；产能居第三位的是北美地区，占比达7%。

2022年，中国尼龙6产能达611万吨，产能集中在华东地区，占87.40%；其次是华中、华北地区，占比均为4.66%；再次为华南地区，占比为3.28%。

2. 尼龙6产业头部企业及产能

企业名称	产能/（万吨/年）	主要相关子公司
恒申控股集团有限公司	68	福建申远新材料有限公司 长乐恒申合纤科技有限公司 长乐力恒锦纶科技有限公司 海阳科技股份有限公司
福建永荣控股集团有限公司	66	福建永荣锦江股份有限公司 福建中锦新材料有限公司
浙江恒逸集团有限公司	44	浙江恒逸锦纶有限公司
鲁西化工集团股份有限公司	40.5	
杭州聚合顺新材料股份有限公司	38	
广东新会美达锦纶股份有限公司	20	
江苏弘盛新材料股份有限公司	20	

3. 尼龙6产业重点企业区域分布

企业名称	产能/（万吨/年）	地区
天津市		
天津海晶塑料制品有限公司	6.5	天津市
河北省		
中国石化石家庄炼化分公司	2	石家庄市
山西省		
阳煤集团太原化工新材料有限公司	10	太原市
山西潞宝集团焦化有限公司	10	长治市
上海市		
巴斯夫化工有限公司	10	上海市
江苏省		
海阳科技股份有限公司	35	泰州市
江苏弘盛新材料股份有限公司	20	南通市
无锡市长安高分子材料厂有限公司	15	无锡市
江苏永通新材料科技有限公司	14	南通市
骏马化纤股份有限公司	10	苏州市
江苏威名新材料有限公司	10	南通市
江苏瑞美福实业有限公司	8.3	镇江市
江苏华峰新材料有限公司	8	南通市
淮安锦纶化纤有限公司	6	淮安市
江阴市强力化纤有限公司	5	无锡市
帝斯曼工程材料（江苏）有限公司	5	无锡市
恒天中纤纺化无锡有限公司	5	无锡市
张家港市远程化纤有限公司	2	苏州市
浙江省		
浙江恒逸锦纶有限公司	44	杭州市
杭州聚合顺新材料股份有限公司	38	杭州市
浙江方圆新材料股份有限公司	17.5	嘉兴市

续表

企业名称	产能/（万吨/年）	地区
浙江华建尼龙有限公司	7	温州市
杭州杭鼎锦纶科技有限公司	7	杭州市
宁波亨润聚合有限公司	5	宁波市
杭州帝凯工业布有限公司	4	杭州市
安徽省		
铜陵嘉合科技有限公司	7	铜陵市
福建省		
福建永荣锦江股份有限公司	35	福州市
福建中锦新材料有限公司	31	莆田市
福建申远新材料有限公司	21	福州市
长乐力恒锦纶科技有限公司	18	福州市
长乐恒申合纤科技有限公司	15	长乐市
中仑塑业（福建）有限公司	14.5	泉州市
福建天辰耀隆新材料有限公司	2	福清市
山东省		
鲁西化工集团股份有限公司	40.5	聊城市
山东时风（集团）有限责任公司	10	聊城市
山东方明化工股份有限公司	6.5	菏泽市
山东嘉创新材料有限公司	4	德州市
青岛康威化纤有限公司	1.2	青岛市
河南省		
河南神马尼龙化工有限责任公司	7	平顶山市
湖南省		
岳阳巴陵石化化工化纤有限公司	16	岳阳市
常德聚合顺新材料有限公司	8	常德市

续表

企业名称	产能/（万吨/年）	地区
中国石化巴陵分公司	5.5	岳阳市
广东省		
广东新会美达锦纶股份有限公司	20	江门市

九、对二甲苯（PX）

二甲苯（或称混合二甲苯）是一种基础有机化工原料，一般是指邻二甲苯（OX）、间二甲苯（MX）、对二甲苯（PX）和乙基苯的混合物。其分为溶剂级和异构级，溶剂级主要用作有机溶剂，用于涂料、医药、农药、胶黏剂等；异构级可作为化学工业的原料，用于制备涤纶、聚苯乙烯塑料、合成洗涤剂等产品。其还可用作高辛烷值汽油组分。

广义上的二甲苯，根据原料路线不同主要分为两类，以石油及石油衍生物原料路线生产的石油级二甲苯和以煤炭为原料路线生产的加氢二甲苯。其中，石油级二甲苯又因其邻二甲苯、间二甲苯、对二甲苯及乙苯含量的不同分为溶剂二甲苯及异构二甲苯。异构二甲苯要求邻二甲苯、间二甲苯、对二甲苯及乙苯（含量≤20%）含量达到99%，溶剂二甲苯要求邻二甲苯、间二甲苯、对二甲苯及乙苯（含量≤20%）含量达到96%。

作为化学原料使用时，可将各异构体预先进行分离。邻二甲苯主要用作苯酐及其他有机合成原料；间二甲苯用于生产间苯二甲酸、间甲基苯甲酸、间苯二甲腈等，作为医药、香料和染料中间体的原料；对二甲苯主要用于制备对苯二甲酸（PTA）以及对苯二甲酸二甲酯（DMT），进一步生产聚对苯二甲酸乙二醇酯（PET），是目前二甲苯下游最主要的产业路线。

1. 对二甲苯产业链图（图1-6）

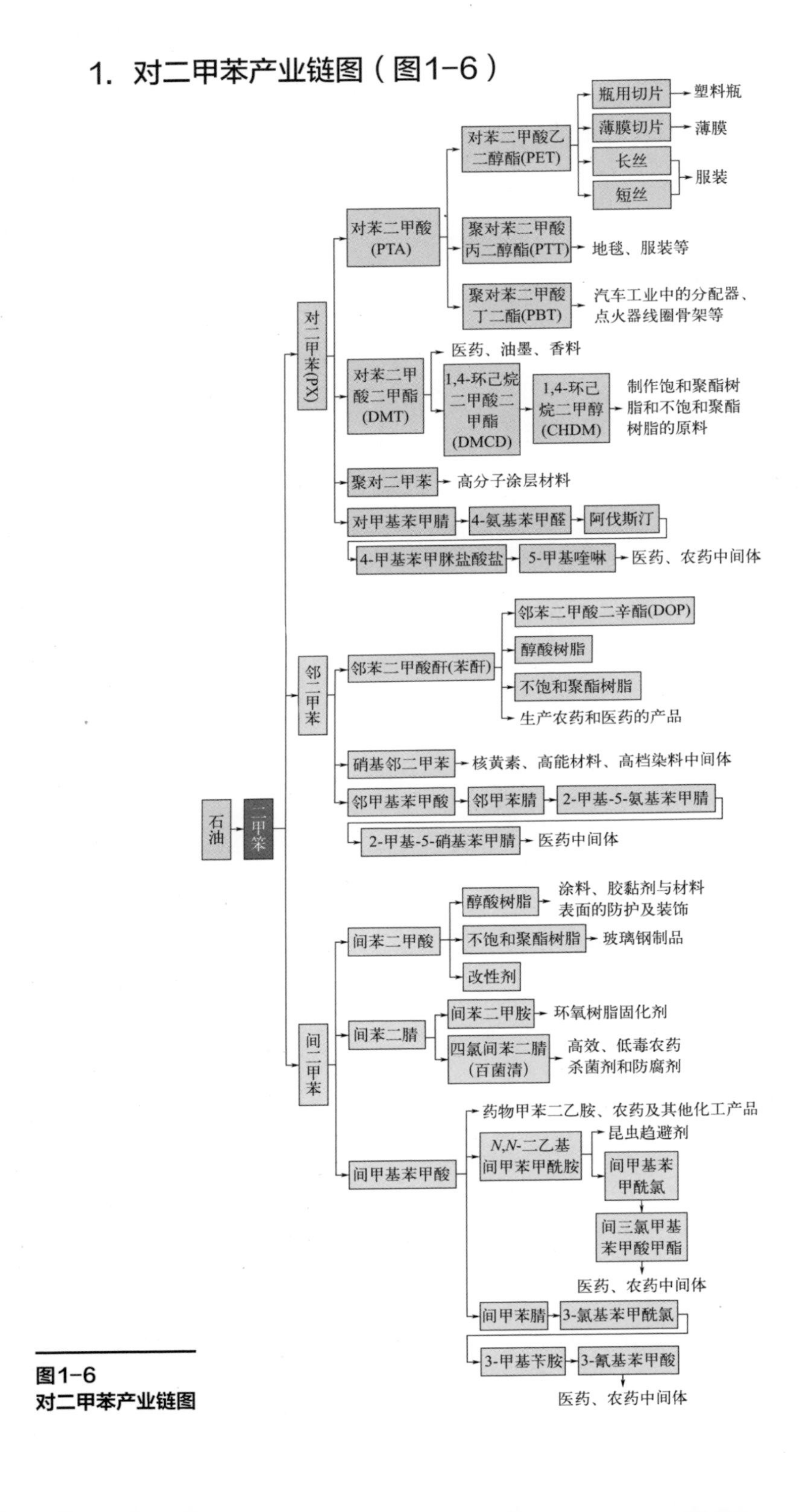

图1-6
对二甲苯产业链图

2. 对二甲苯产业概况

对二甲苯（Paraxylene，简称PX）是重要的芳烃产品之一。2021年，制备对苯二甲酸（PTA）以及对苯二甲酸二甲酯（DMT）用对二甲苯超过总消费量99%。对二甲苯还可用作溶剂以及作为医药、香料、油墨等的生产原料，用途广泛。

2021年，全球对二甲苯产能达6548万吨，产能主要集中在东北亚、东南亚、印度、中东和北美地区，5个地区的产能分别占全球总产能的62%、11%、9%、8%和6%。

2022年，国内PX产能区域分布依然较为广泛，七个区域都有PX装置的分布。详细分析来看，华东地区最为集中，区域内PX总产能2372.5万吨，占比65.85%；第二为东北地区，产能740万吨，占比20.54%；第三为华南地区，产能255万吨，占比7.08%。第四为西北地区，产能100万吨，占比2.78%；第五为西南地区，产能75万吨，占比2.08%；第六为华北地区，产能39万吨，占比1.08%；最后为华中区域，产能21.5万吨，占比0.6%。

3. 对二甲苯产业重点企业及产能

企业名称	产能/（万吨/年）	主要相关子公司
荣盛石化股份有限公司	619	宁波中金石化有限公司 浙江石油化工有限公司
中国石油化工集团有限公司	582.5	中国石化海南炼油化工有限公司 福建联合石油化工有限公司（主要股东） 中国石化上海石油化工股份有限公司 中国石化扬子石油化工有限公司
恒力石化股份有限公司	475	恒力石化（大连）炼化有限公司

续表

企业名称	产能/（万吨/年）	主要相关子公司
中国石油天然气集团有限公司	273.5	中国石油乌鲁木齐石化分公司 中国石油辽阳石化分公司 中国石油四川石化有限责任公司
福建福海创石油化工有限公司	160	
大连福佳·大化石油化工有限公司	140	
东营威联化学有限公司	100	
青岛丽东化工有限公司	100	
中国海洋石油集团有限公司	84	中海油惠州石化有限公司
中化泉州石化有限公司	80	

4. 对二甲苯产业重点企业区域分布

企业名称	产能/（万吨/年）	地区
天津市		
中国石化天津分公司	39	天津市
辽宁省		
恒力石化股份有限公司	450	大连市
大连福佳·大化石油化工有限公司	140	大连市
中国石油辽阳石化分公司	100	辽阳市
上海市		
中国石化上海石油化工股份有限公司	85	上海市
江苏省		
中国石化扬子石油化工有限公司	89	南京市
中国石化金陵分公司	60	南京市
浙江省		
浙江石油化工有限公司	650	舟山市
宁波中金石化有限公司	160	宁波市
中国石化镇海炼化分公司	65	宁波市

续表

企业名称	产能/（万吨/年）	地区
福建省		
福建福海创石油化工有限公司	160	漳州市
福建联合石油化工有限公司（福化工贸）	100	泉州市
山东省		
青岛丽东化工有限公司	100	青岛市
东营威联化学有限公司	100	东营市
中化弘润石油化工有限公司	60	潍坊市
中国石化齐鲁分公司	9.5	淄博市
河南省		
中国石化洛阳分公司	21.5	洛阳市
广东省		
中海油惠州石化有限公司	95	惠州市
福建省		
中化泉州石化有限公司	80	泉州市
海南省		
中国石化海南炼油化工有限公司	160	洋浦经济开发区
四川省		
中国石油四川石化有限责任公司	85	成都市
新疆维吾尔自治区		
中国石油乌鲁木齐石化分公司	100	乌鲁木齐市

5．2023年对二甲苯产业重点企业地理分布

见附图2　2023中国PTA、PX、EG产业企业分布图。

十、精对苯二甲酸（PTA）

1．PTA产业概况

精对苯二甲酸（Purified terephthalic acid，简称PTA）是生产聚酯纤

维、树脂、胶片及容器树脂的主要原料，被广泛应用于化纤、容器、包装、薄膜等领域。

PTA的应用比较集中，世界上90%以上的PTA用于生产聚对苯二甲酸乙二醇酯（PET），另外10%作为聚对苯二甲酸丙二醇酯（PTT）、聚对苯二甲酸丁二醇酯（PBT）及其他产品的原料。中国PTA下游需求主要集中在华东地区，其次是华南地区。华东地区占比为87%，华南地区占比为7%，东北地区占比为3%。

2021年，全球PTA产能达9323万吨，产能主要集中在东北亚、印度次大陆和北美地区，分别占全球总产能的76%、7%和5%，三大区域PTA产能合计占比高达88%。

2022年，中国PTA产能达7025万吨，是全球最大的PTA生产国，产能分布集中，主要在华东、东北和华南地区。2022年上述3个地区产能分别为4480万吨、1760万吨、435万吨，分别占全国总产能的64%、25%和6%。

华东地区是中国聚酯的产业集中地，下游具备得天独厚的优势，有逸盛石化、福海创、新凤鸣、嘉兴石化等企业，占据市场主导地位；东北地区有逸盛大化和恒力石化等企业，装置单套产能较大；华南地区有海南逸盛、珠海BP等企业。

2. PTA产业头部企业及产能

企业名称	产能/（万吨/年）	主要相关子公司
浙江逸盛石化有限公司	1645	浙江逸盛石化有限公司 逸盛大化石化有限公司 海南逸盛石化有限公司
恒力石化股份有限公司	1160	
新凤鸣集团股份有限公司	500	浙江独山能源有限公司
福建福海创石油化工有限公司	450	

续表

企业名称	产能/（万吨/年）	主要相关子公司
江苏盛虹石化产业集团有限公司	400	江苏虹港石化有限公司
桐昆集团股份有限公司	370	嘉兴石化有限公司
汉邦（江阴）石化有限公司	290	
福建百宏石化有限公司	250	
三房巷集团有限公司	240	
珠海碧辟化工有限公司	235	

3. PTA产业重点企业区域分布

企业名称	产能/（万吨/年）	地区
天津市		
中国石化天津分公司	34	天津市
辽宁省		
恒力石化股份有限公司	1160	大连市
逸盛大化石化有限公司	600	大连市
上海市		
亚东石化（上海）有限公司	75	上海市
中国石化上海石油化工股份有限公司	40	上海市
江苏省		
江苏虹港石化有限公司	400	连云港市
汉邦（江阴）石化有限公司	290	无锡市
三房巷集团有限公司（海伦石化）	240	无锡市
仪征化纤股份有限公司	100	扬州市
中国石化扬子石油化工有限公司	100	南京市
浙江省		
浙江逸盛石化有限公司	845	宁波市
浙江独山能源有限公司	500	嘉兴市
嘉兴石化有限公司	370	嘉兴市

续表

企业名称	产能/（万吨/年）	地区
逸盛新材料有限公司	360	宁波市
绍兴华彬石化有限公司	140	绍兴市
台化兴业（宁波）有限公司	120	宁波市
宁波利万聚酯材料有限公司	70	宁波市
福建省		
福建福海创石油化工有限公司	450	漳州市
福建百宏石化有限公司	250	泉州市
石狮市佳龙石化纺纤有限公司	60	石狮市
河南省		
中国石化洛阳分公司	32.5	洛阳市
广东省		
珠海碧辟化工有限公司	235	珠海市
海南省		
海南逸盛石化有限公司	200	洋浦经济开发区
重庆市		
重庆市蓬威石化有限责任公司	90	重庆市
四川省		
四川能投化学新材料有限公司	100	南充市
新疆维吾尔自治区		
新疆库尔勒中泰石化有限责任公司	120	巴州库尔勒市
中国石油乌鲁木齐石化分公司	7.5	乌鲁木齐市

4. 2023年PTA产业重点企业地理分布

见附图2　2023中国PTA、PX、EG产业企业分布图。

第五节　沥青产业链

沥青是由不同分子量的碳氢化合物及其非金属衍生物组成的黑褐色复杂混合物，一般可按来源分为煤焦沥青、石油沥青和天然沥青3种。其中，石油沥青是石油蒸馏后的残渣；煤焦沥青是炼焦的副产品；天然沥青则储藏在地下，有的形成矿层或在地壳表面堆积。

本书描述的是以石油沥青为主要产品的产业链。

1. 沥青产业链图（图1-7）

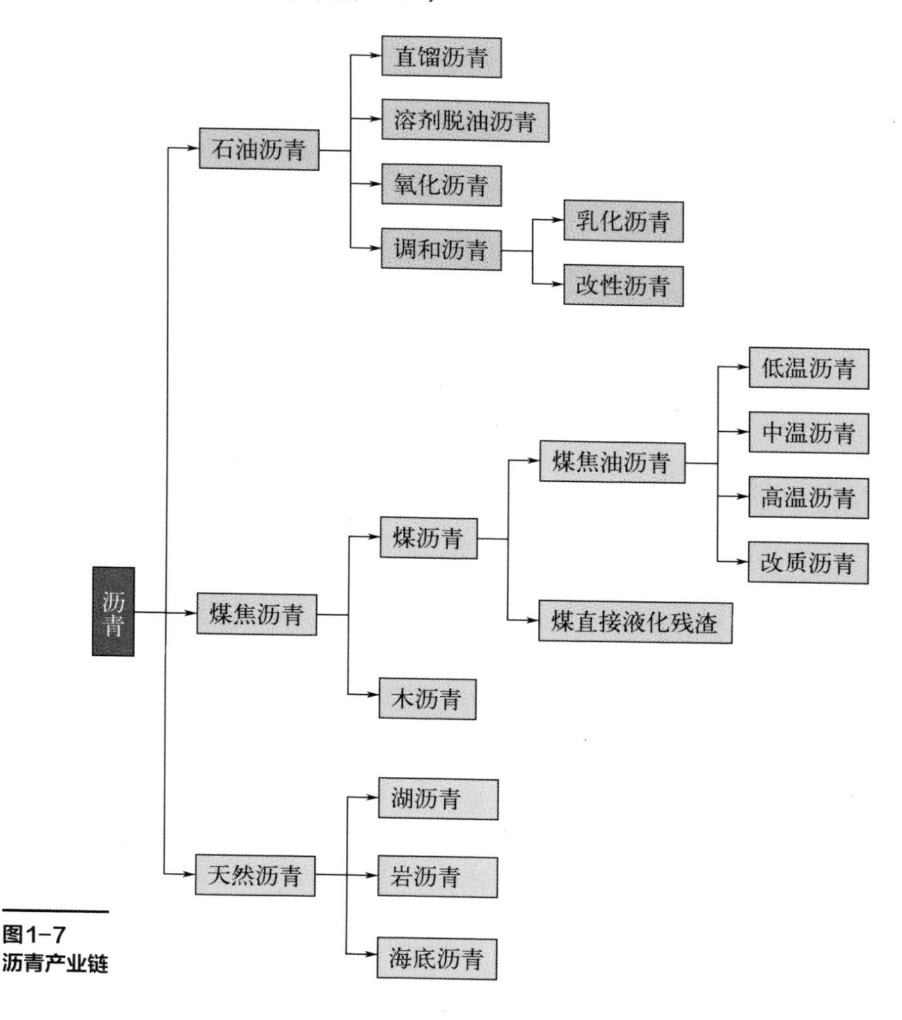

图1-7
沥青产业链

2. 石油沥青产业概况

石油沥青是石油加工过程中的一种重要产品，在常温下是黑色或黑褐色的黏稠液体、半固体或固体，其性质和组成随原油品质和生产方法的不同而变化。按照生产工艺石油沥青可分为直馏沥青、溶剂脱油沥青、氧化沥青、调和沥青等。石油沥青按用途可分为道路沥青、建筑沥青、水工沥青以及其他各种专用沥青，主要用于各级公路建设、屋面防水、城市基础建设以及机场、拦水大坝、蓄能电站等领域。

目前在炼厂中沥青的生产方法主要有蒸馏工艺、氧化工艺、溶剂脱沥青工艺和调和工艺，同时还有针对生产乳化沥青和改性沥青的乳化工艺和改性工艺。

2022年，中国石油沥青产能高达7928万吨，其中华东地区占比高达50%。2022年，石油沥青总产量2801.11万吨，其中华东地区1674.94万吨，东北地区225.98万吨，华南地区207.88万吨，华北地区428.6万吨，西北地区145.72万吨，华中和西南地区仅占全国总产量的5%。华东地区集中了大型的国有炼厂，产品占市场份额较大。目前国内沥青的需求集中在西北、西南地区，随着沥青供应量的增加，各地区产能差异也会逐步扩大。

3. 石油沥青产业头部企业及产能

企业名称	产能/（万吨/年）	主要相关子公司
中国石油化工集团有限公司	1552	中国石化镇海炼化分公司 中国石化金陵分公司 中国石化扬子石油化工有限公司 中国石化茂名分公司
中国石油天然气集团有限公司	977	中国石油辽河石化分公司 大连西太平洋石油化工有限公司 佛山高富中石油燃料沥青有限责任公司 秦皇岛中石油燃料沥青有限责任公司

续表

企业名称	产能/（万吨/年）	主要相关子公司
中国海洋石油集团有限公司	415	中海沥青股份有限公司 中海（油气）泰州石化有限公司 中海石油（中国）有限公司湛江分公司 中海沥青（营口）有限责任公司
山东京博石油化工有限公司	400	
河北鑫海化工集团有限公司	330	
广饶科力达石化科技有限公司	220	
河北凯意石化有限公司	210	
辽宁宝来生物能源有限公司	200	
山东海右石化集团有限公司	180	
盘锦浩业化工有限公司	150	
山东东明石化集团有限公司	150	

4. 石油沥青产业重点企业区域分布

企业名称	产能/（万吨/年）	地区
河北省		
河北鑫海化工集团有限公司	330	沧州市
河北凯意石化有限公司	210	沧州市
秦皇岛中石油燃料沥青有限责任公司	100	秦皇岛市
河北伦特化工集团有限公司	90	沧州市
黄骅市燕捷特种沥青制品有限公司	60	黄骅市
沧州金承石油化工有限公司	50	沧州市
沧州金诺石化有限公司	50	沧州市
沧州鑫高源石油化工有限公司	50	沧州市
河北金润石油化工有限公司	10	河间市
河间市通达石化有限责任公司	10	河间市

续表

企业名称	产能/（万吨/年）	地区
辽宁省		
中国石油辽河石化分公司	200	盘锦市
辽宁宝来生物能源有限公司	200	盘锦市
盘锦浩业化工有限公司	150	盘锦市
大连西太平洋石油化工有限公司	150	大连市
盘锦北方沥青股份有限公司	120	盘锦市
盘锦益久石化有限公司	100	盘锦市
中海沥青（营口）有限责任公司	55	营口市
上海市		
中国石化上海石油化工股份有限公司	150	上海市
中国石化上海高桥石油化工有限公司	50	上海市
江苏省		
中国石化金陵分公司	200	南京市
中国石化扬子石油化工有限公司	200	南京市
金海宏业(镇江)沥青有限公司	100	镇江市
江苏新海石化有限公司	100	连云港
中海（油气）泰州石化有限公司	85	泰州市
阿尔法(江阴)沥青有限公司	80	江阴市
浙江省		
中国石化镇海炼化分公司	200	宁波市
科元控股集团有限公司	180	宁波市
温州中石油燃料沥青有限责任公司	60	温州市
福建省		
中化泉州石化有限公司	100	泉州市
山东省		
山东京博石油化工有限公司	400	滨州市
广饶科力达石化科技有限公司	220	东营市
山东海右石化集团有限公司	180	日照市

续表

企业名称	产能/（万吨/年）	地区
中海沥青股份有限公司	160	滨州市
山东东明石化集团有限公司	150	菏泽市
山东东方华龙工贸集团有限公司	150	东营市
中化弘润石油化工有限公司	100	潍坊市
中国石化齐鲁分公司	100	淄博市
山东金诚石化集团有限公司	100	淄博市
广东省		
中国石油广东石化分公司	160	揭阳市
中国石化茂名分公司	150	茂名市
佛山高富中石油燃料沥青有限责任公司	150	佛山市
中国石化广州分公司	100	广州市
中海石油（中国）有限公司湛江分公司	80	湛江市
珠海市华峰石化有限公司	60	珠海市
佛山市三水区益豪沥青有限公司	60	佛山市
新疆维吾尔自治区		
中国石油克拉玛依石化分公司	100	克拉玛依市
新疆美汇特石化产品有限公司	80	吐鲁番
中国石化塔河炼化有限责任公司	50	阿克苏
新疆天正中广石化有限公司	50	伊犁州奎屯市

5. 2023年石油沥青产业重点企业地理分布

见附图5　2023中国石油沥青产业企业分布图。

第二章

天然气化工产业链

1. 天然气化工产业链图（图2-1）

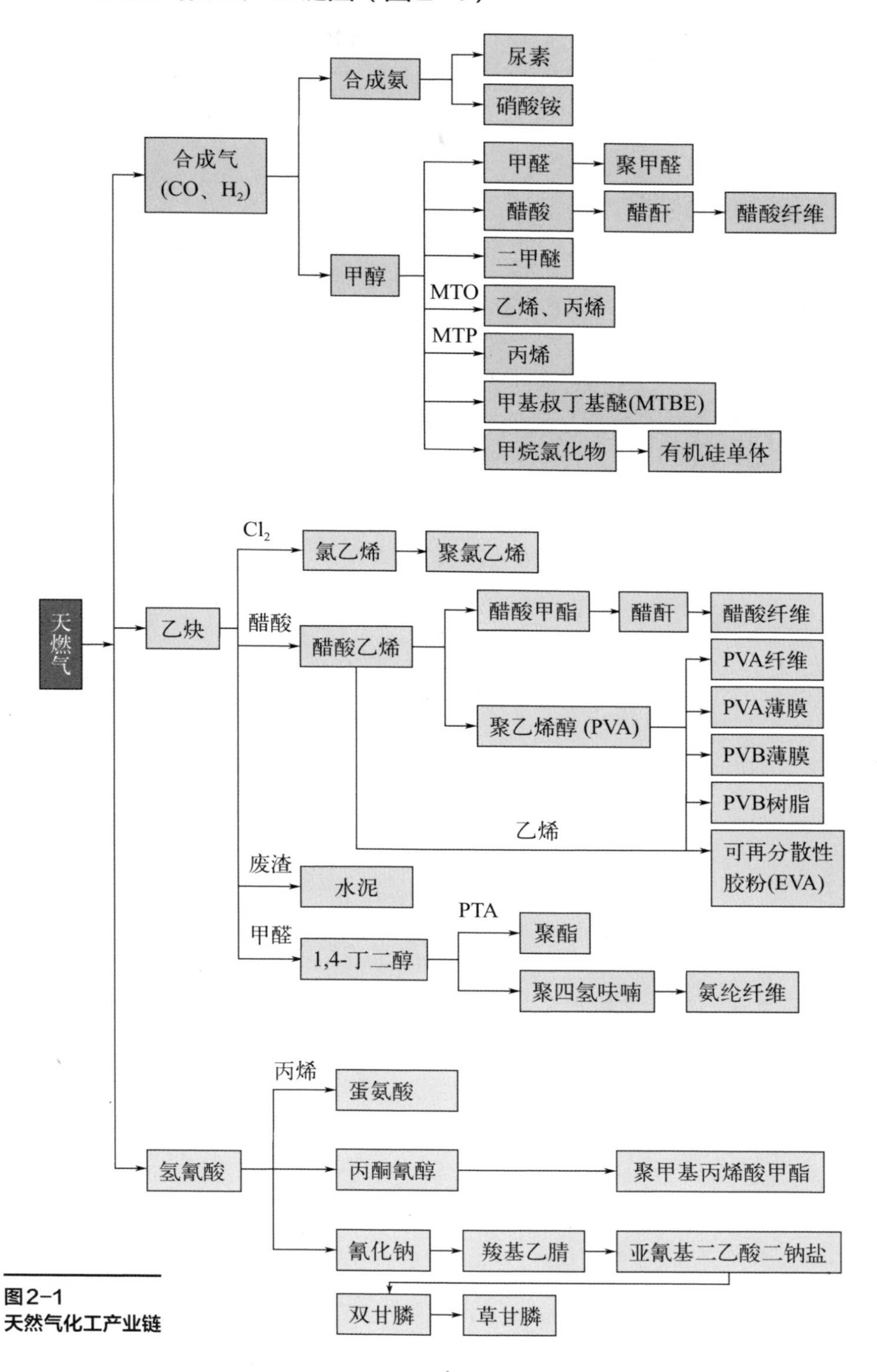

图2-1
天然气化工产业链

2. 天然气产业概况

天然气是指自然界中天然存在的一切气体，包括大气圈、水圈和岩石圈中各种自然过程形成的气体（包括油田气、气田气、泥火山气、煤层气和生物生成气等）。它是优质燃料和化工原料。天然气通过净化分离和裂解、蒸汽转化、氧化、氯化、硫化、硝化、脱氢等反应可制成合成氨、甲醇及其加工产品（甲醛、醋酸等）、乙烯、乙炔、二氯甲烷、四氯化碳、二硫化碳、硝基甲烷等。

天然气作为清洁能源，在我国能源结构优化中扮演了重要的角色，中国天然气市场风云变幻却又葳蕤蓬勃。2022年，中国天然气表观消费量达3663亿立方米，同比下降1.7%。

第三章

煤化工产业链

中国化工产业链图解（2023年版）

比例配制而成的新型液体燃料称为醇醚燃料，其燃烧效率和热效率均高于液化气。

随着中国新型煤化工的发展，新兴工艺煤制烯烃（CTO）/甲醇制烯烃（MTO）使得甲醇成为乙烯和丙烯重要的中间原料或直接原料。

甲醇不仅是重要的化工原料，而且还是性能优良的能源和车用燃料。甲醇与异丁烯反应得到甲基叔丁基醚（MTBE），是高辛烷值无铅汽油添加剂，亦可用作溶剂。

全球范围内甲醇的生产主要有3种技术路线：天然气制甲醇、重油制甲醇和煤制甲醇。甲醇生产以气头和煤头路线为主。从甲醇技术进展情况看，目前暂时没有新的甲醇原料路线或技术路线影响当前全球的甲醇供应格局。近年来，CO_2原料直接氢化合成甲醇成为碳减排领域研究的热点，但高纯度CO_2捕集和H_2供应的成本均很高，目前暂无法实现工业化大规模经济生产。

2022年，全球甲醇产能达到16776万吨。

同年，中国甲醇总产能达9947万吨，整体产业格局继续向大型化、规模化的方向发展。西北地区依托资源优势，甲醇生产能力占全国一半以上。华东地区甲醇产能占比位列全国第二，是西北、华北地区甲醇的主要流向地。华北地区产能位居第三，焦炉气制甲醇产能占该区域总产能的50%左右。

3. 甲醇产业头部企业及产能

企业名称	产能/（万吨/年）	主要相关子公司
国家能源投资集团有限公司	942	国家能源集团新疆能源有限责任公司 中国神华煤制油化工有限公司 国家能源集团宁夏煤业有限责任公司 国家能源集团榆林化工有限公司

续表

企业名称	产能/（万吨/年）	主要相关子公司
陕西延长石油（集团）有限责任公司	610	陕西延长石油延安能源化工有限责任公司 陕西延长石油榆林凯越煤化有限责任公司 陕西延长中煤榆林能源化工有限公司
中国石化长城能源化工有限公司	590	中天合创能源有限责任公司（主要股东） 中安联合煤化有限责任公司 中国石化长城能源化工（宁夏）有限公司
中国中煤能源集团有限公司	560	中天合创能源有限责任公司（主要股东） 中煤陕西榆林能源化工有限公司
兖州煤业股份有限公司	459	内蒙古荣信化工有限公司 兖州煤业榆林能化有限公司 兖矿国宏化工有限责任公司
宁夏宝丰能源集团股份有限公司	400	
陕西煤业化工集团有限责任公司	290	蒲城清洁能源化工有限责任公司 陕西渭河煤化工集团有限责任公司
晋能控股集团有限公司	340	安徽昊源化工集团有限公司 山西晋煤华昱煤化工有限责任公司 安徽晋煤中能化工股份有限公司
新奥天然气股份有限公司	212	新能能源有限公司 联泓（山东）化学有限公司
山东华鲁恒升集团有限公司	170	

4. 甲醇产业重点企业区域分布

企业名称	产能/（万吨/年）	地区
天津市		
天津渤化永利化工股份有限公司	50	天津市
山西省		
山西晋煤华昱煤化工有限责任公司	120	晋城市
同煤广发化学工业有限公司	60	大同市
内蒙古自治区		
中天合创能源有限责任公司	360	鄂尔多斯市
内蒙古荣信化工有限公司	180	鄂尔多斯市
中国神华煤制油化工有限公司	180	包头市
大唐内蒙古多伦煤化工有限责任公司	168	锡林郭勒盟多伦县
内蒙古远兴能源股份有限公司	133	鄂尔多斯市
新能能源有限公司	120	鄂尔多斯市
内蒙古新奥集团	120	呼和浩特市
内蒙古久泰新材料科技股份有限公司	100	鄂尔多斯市
中煤鄂尔多斯能源化工有限公司	100	鄂尔多斯市
内蒙古东华能源有限责任公司	60	鄂尔多斯市
内蒙古中煤远兴能源化工有限公司	60	鄂尔多斯市
辽宁省		
恒力石化股份有限公司	50	大连市
黑龙江省		
七台河宝泰隆甲醇有限公司	70	七台河市
上海市		
上海华谊能源化工有限公司	100	上海市
江苏省		
南京诚志清洁能源有限公司	60	南京市
江苏索普化工股份有限公司	50	镇江市

续表

企业名称	产能/（万吨/年）	地区
安徽省		
中安联合煤化有限责任公司	170	淮南市
安徽昊源化工集团有限公司	140	阜阳市
安徽晋煤中能化工股份有限公司	80	阜阳市
安徽华谊化工有限公司	60	芜湖市
山东省		
山东华鲁恒升集团有限公司	170	德州市
鲁西化工集团股份有限公司	95	聊城市
联泓（山东）化学有限公司	92	枣庄市
山东联盟化工集团有限公司	75	潍坊市
万华化学集团股份有限公司	66	烟台市
兖矿国宏化工有限责任公司	64	济宁市
山东晋煤明水化工集团有限公司	60	济南市
河南省		
河南心连心化学工业集团股份有限公司	90	新乡市
河南能源化工集团鹤壁煤化工有限公司	60	鹤壁市
河南龙宇煤化工有限公司	50	商丘市
河南省中原大化集团有限责任公司	50	濮阳市
湖北省		
荆门盈德气体有限公司	50	荆门市
海南省		
中海石油化学股份有限公司	140	东方市
重庆市		
中国石化集团重庆川维化工有限公司	87	重庆市
重庆卡贝乐化工有限责任公司	85	重庆市
四川省		
广安玖源化工有限公司	50	广安市
四川达兴能源有限责任公司	50	达州市

续表

企业名称	产能/（万吨/年）	地区
云南省		
云南先锋化工有限公司	50	昆明市
陕西省		
陕西延长中煤榆林能源化工有限公司	360	榆林市
中煤陕西榆林能源化工有限公司	200	榆林市
蒲城清洁能源化工有限责任公司	180	渭南市
陕西延长石油延安能源化工有限责任公司	180	延安市
国家能源集团榆林化工有限公司	180	榆林市
兖州煤业榆林能化有限公司	130	榆林市
陕西延长石油榆林凯越煤化有限责任公司	70	榆林市
陕西润中清洁能源有限公司	60	咸阳市
陕西神木化学工业有限公司	60	榆林市
陕西渭河煤化工集团有限责任公司	60	渭南市
陕西咸阳化学工业有限公司	60	咸阳市
陕西长青能源化工有限公司	60	宝鸡市
甘肃省		
甘肃华亭煤电股份有限责任公司	60	平凉市
青海省		
青海盐湖工业股份有限公司	100	格尔木市
青海桂鲁化工有限公司	80	西宁市
青海中浩天然气化工有限公司	60	格尔木市
宁夏回族自治区		
宁夏宝丰能源集团股份有限公司	400	银川市
国家能源集团宁夏煤业有限责任公司	352	银川市
中国石化长城能源化工（宁夏）有限公司	60	银川市
新疆维吾尔自治区		
国家能源集团新疆能源有限责任公司	180	乌鲁木齐市
新疆广汇新能源有限公司	120	哈密市

续表

企业名称	产能/（万吨/年）	地区
新疆天智辰业化工有限公司	52	石河子市
新疆新业能源化工有限责任公司	50	五家渠市
广西壮族自治区		
广西华谊能源化工有限公司	180	钦州市

5. 2023年甲醇产业重点企业地理分布

见附图6　2023中国甲醇产业企业分布图。

二、乙酸（冰醋酸）

1. 乙酸产业概况

乙酸（Acetic acid），也称醋酸、冰醋酸，是最重要的有机酸之一。乙酸下游产品种类较多，如乙酸乙烯、精对苯二甲酸（PTA）、乙酸乙酯、醋酐等。在中国，乙酸最主要的下游应用是PTA，占比达24%，其次为乙酸乙酯和乙酸乙烯，占比分别达18%和16%。

在过去的10年中，PTA是乙酸需求增长最快的下游产品，主要是由于亚洲聚酯工业的持续发展，给予PTA产能陆续投产支撑。在对二甲苯生产PTA工艺中，乙酸被用作溶剂。

乙酸的下游产品中，聚乙酸乙烯酯可用来制备薄膜和胶黏剂，也是合成纤维维纶的原料；乙酸纤维素可制造人造丝和电影胶片；乙酸酯是优良的溶剂，广泛用于涂料工业。乙酸可用来合成乙酐、丙二酸二乙酯、乙酰乙酸乙酯、卤代乙酸等，也可制造药物（如阿司匹林），还可以用于生产乙酸盐等，在农药、医药、染料、照相药品、织物印染和橡胶工业中都有广泛应用。在食品工业中，乙酸用作酸化剂、增香剂和香料。

2022年，全球乙酸产能达1757万吨，中国产能1055万吨。从产能方面来看，中国是乙酸主要生产区域，也是主要消费地。

中国乙酸产能主要集中在华东、华北地区，占比分别达45%和28%，西北、西南地区产能占比较低。企业产能排名前三的是江苏索普、塞拉尼斯、华谊集团，这三家企业也是国内乙酸行业中企业年总产能为120万吨的三家企业，三家企业合计产能占全国产能比重达到37.9%，其中江苏索普、华谊集团为国有企业，塞拉尼斯为外资企业。其他厂家产能以40万～50万吨居多，差异不大。

2. 乙酸产业头部企业及产能

企业名称	产能/（万吨/年）	主要相关子公司
江苏索普化工股份有限公司	120	
塞拉尼斯（南京）化工有限公司	120	
上海华谊（集团）公司	120	
兖矿鲁南化工有限公司	110	
山东华鲁恒升集团有限公司	60	

3. 乙酸产业重点企业区域分布

企业名称	产能/（万吨/年）	地区
天津市		
天津渤化永利化工股份有限公司	35	天津市
河北省		
河北建滔能源发展有限公司	50	邢台市
辽宁省		
恒力石化股份有限公司	35	大连市
上海市		
上海华谊能源化工有限公司	70	上海市

续表

企业名称	产能/（万吨/年）	地区
江苏省		
江苏索普化工股份有限公司	120	镇江市
塞拉尼斯（南京）化工有限公司	120	南京市
南京扬子石化碧辟乙酰有限责任公司	50	南京市
安徽省		
安徽华谊化工有限公司	50	芜湖市
山东省		
兖矿鲁南化工有限公司	110	济宁市
山东华鲁恒升集团有限公司	60	德州市
河南省		
河南龙宇煤化工有限公司	50	商丘市
河南顺达新能源科技有限公司	40	驻马店市
重庆市		
扬子江乙酰化工有限公司	40	重庆市
陕西省		
陕西延长石油榆林煤化有限公司	40	榆林市
宁夏回族自治区		
中国石化长城能源化工（宁夏）有限公司	40	银川市

第二节　合成氨产业链

一、合成氨

1. 合成氨产业概况

合成氨又名液氨，由氮和氢在高温高压和催化剂存在下直接合成，为一种基本无机化工流程。现代化学工业中，氨是化肥工业和基本有机化工的主要原料，易溶于水、乙醇、乙醚，是压缩性液化有毒气体，在一定压力下无色，具有高压易燃、易爆的特性。合成氨可用于农业和工业，其中约80%用来生产化学肥料，20%作为其他化工产品的原料。在农业中，其主要用于制造氮肥和复合肥料，尿素、硝酸铵、磷酸铵、氯化铵以及各种含氮复合肥都是以氨为原料的。作为工业原料和氨化饲料，硝酸等各种含氮的无机盐及丙烯腈、己内酰胺及脱硫脱硝等都以氨为原料。

“十三五”以来，工业和信息化部要求重点行业淘汰落后产能和过剩产能，落后产能逐渐被淘汰，从2015年到2020年中国合成氨产能持续减少，总计减少789万吨左右。2021年，部分前期审批的项目陆续投产，中国合成氨产能开始增长，截至2021年底，产能达到7110万吨，全年新增367万吨。

2. 合成氨产业头部企业及其产能

企业名称	产能/（万吨/年）	主要相关子公司
安徽昊源化工集团有限公司	230	
山东华鲁恒升化工股份有限公司	200	
山东润银生物化工股份有限公司	200	
湖北三宁化工股份有限公司	140	
鲁西化工集团股份有限公司	136	
山东联盟化工集团有限公司	130	
河南晋开化工投资控股集团有限责任公司	120	

3. 合成氨产业重点企业区域分布

企业名称	产能/（万吨/年）	地区
山东省		
山东润银生物化工股份有限公司	200	泰安市

续表

企业名称	产能/（万吨/年）	地区
山东华鲁恒升化工股份有限公司	200	德州市
鲁西化工集团股份有限公司	136	聊城市
山东联盟化工集团有限公司	130	寿光市
阳煤平原化工有限公司	80	德州市
山东晋煤明水化工集团有限公司	50	济南市
江苏省		
灵谷化工有限公司	85	宜兴市
安徽省		
安徽昊源化工集团有限公司	230	阜阳市
安徽晋煤中能化工股份有限公司	82	阜阳市
安徽泉盛化工有限公司	60	滁州市
福建省		
福建申远新材料有限公司	60	连江县
江西省		
九江心连心化肥有限公司	60	九江市
海南省		
海洋石油富岛有限公司	75	东方市
湖北省		
湖北三宁化工股份有限公司	140	枝江市
华强化工集团股份有限公司	80	当阳市
湖北省潜江华润化肥有限公司	50	潜江市
湖南省		
中石化巴陵分公司	55	岳阳市
河南省		
河南晋开化工投资控股集团有限责任公司	120	开封市
河南心连心化肥有限公司	105	新乡市
河北省		
河北正元氢能科技有限公司	60	沧州市

续表

企业名称	产能/（万吨/年）	地区
河北省东光化工有限责任公司	58	沧州市
山西省		
山西天泽煤化工集团股份公司	84	晋城市
山西天脊煤化工集团有限公司	60	潞城市
内蒙古自治区		
中煤鄂尔多斯能源化工有限公司	100	内鄂尔多斯市
兴安盟乌兰泰安能源化工有限责任公司	70	兴安盟科尔沁
内蒙古博大实地化学有限公司	60	鄂尔多斯市
内蒙古鄂尔多斯联合化工有限公司	60	鄂尔多斯市
内蒙古鄂尔多斯化学工业有限公司	55	鄂托克旗
呼和浩特旭阳中燃能源有限公司	50	呼和浩特市
呼伦贝尔金新化工有限公司	50	呼伦贝尔市
新疆维吾尔自治区		
中国石油乌鲁木齐石化分公司	63	乌鲁木齐市
陕西省		
陕西陕化化工集团有限公司	60	渭南市
陕西兴化化学股份有限公司	50	榆林市
四川省		
四川泸天化股份有限公司	60	泸州市
四川美丰化工股份有限公司	50	德阳市
云南省		
云南水富云天化有限公司	50	昭通市
云南天安化工有限公司	50	安宁市
云南大为制氨有限公司	50	曲靖市
贵州省		
贵州开磷息烽合成氨有限责任公司	60	贵阳市
贵州开阳化工有限责任公司	50	贵阳市

续表

企业名称	产能/（万吨/年）	地区
重庆市		
重庆建峰工业集团有限公司	75	重庆市

二、尿素

1. 尿素产业概况

尿素，化学名称为脲或碳酰胺，是重要的化肥原料。尿素的含氮量在46%以上，是目前含氮量最高的氮肥，其他氮肥含氮量：氯化铵24% ~ 25%、硝酸铵35%、硫酸铵21%。农业方面，尿素是目前使用量较大的一种化学氮肥，其易保存，使用方便，能促进细胞的分裂和生长，使枝叶长得繁茂。同时，作为一种中性肥料，对土壤的破坏作用小。尿素几乎适用于各种土壤和植物。除直接施用外，尿素还可以与磷肥、钾肥等制成复合肥用于农业生产。工业方面，尿素可以用于生产脲醛树脂、三聚氰胺、三聚氰酸、车用尿素，还可以作为电力脱硝的还原剂等。

在国家相关政策引导下，尿素产业的供需由过剩严重逐渐发展为紧平衡状态。2018年至2022年中国尿素产能年均复合增长率为–0.59%。2018—2019年间总产能延续下降趋势，2020—2022年受新冠肺炎疫情的影响，新增产能推迟至2021—2022年释放，所以总产能先降后升。同时疫情也推动了尿素需求，粮食安全的重要性、全球能源局势的不稳定，推动农业化肥需求增加，因此2018年至2022年5年间需求的复合增长率为0.65%。而因国内外行情的异动，中国于2020年10月出台出口法检政策，出口量先锐减，再小幅增加，2018年至2022年5年间中国尿素出口总量的复合增长率为3.70%。

2. 尿素产业头部企业及产能

企业名称	产能/（万吨/年）	主要相关子公司
山东润银生物化工股份有限公司	380	
山西天泽煤化工集团股份公司	300	
山东华鲁恒升化工股份有限公司	220	
安徽昊源化工集团有限公司	192	
山东联盟化工股份有限公司	180	
中煤鄂尔多斯能源化工有限公司	175	
阳煤丰喜肥业（集团）有限责任公司	172	
灵谷化工集团有限公司	170	
河南心连心化学工业集团股份有限公司	150	
湖北三宁化工股份有限公司	140	

3. 尿素产业重点企业区域分布

企业名称	产能/（万吨/年）	地区
山东省		
山东润银生物化工股份有限公司	380	泰安市
山东华鲁恒升化工股份有限公司	220	德州市
山东联盟化工股份有限公司	180	潍坊市
鲁西化工集团股份有限公司	125	聊城市
山东晋煤明升达化工有限公司	80	泰安市
阳煤平原化工有限公司	80	德州市
山东晋煤明水化工集团有限公司	50	济南市
兖矿鲁南化工有限公司	40	滕州市
山东鲁洲集团沂水化工有限公司	18	临沂市
晋煤集团章丘日月化工有限公司	14	济南市

续表

企业名称	产能/（万吨/年）	地区
山西省		
山西天泽煤化工集团股份公司	300	晋城市
阳煤丰喜肥业（集团）有限责任公司	172	运城市
山西晋丰煤化工有限责任公司	120	晋城市
山西兰花科技创业股份有限公司	90	晋城市
山西晋煤天源化工有限公司	70	晋城市
山西金象煤化工有限责任公司	40	晋城市
灵石中煤化工有限责任公司	30	晋中市
山西潞安煤基合成油有限公司	30	长治市
阳煤集团和顺化工有限公司	30	晋中市
内蒙古自治区		
中煤鄂尔多斯能源化工有限公司	175	鄂尔多斯市
鄂尔多斯联合化工有限公司	104	鄂尔多斯市
鄂尔多斯化学工业有限公司	95	鄂尔多斯市
呼伦贝尔金新化工有限公司	80	呼伦贝尔市
内蒙古博大实地化学有限公司	80	鄂尔多斯市
鄂尔多斯市亿鼎生态农业开发有限公司	52	鄂尔多斯市
内蒙古天润化肥股份有限公司	52	鄂尔多斯市
内蒙古天野化工（集团）有限责任公司	52	呼和浩特市
兴安盟博源化学有限公司	52	兴安盟
大唐呼伦贝尔化肥有限公司	30	呼伦贝尔市
新疆维吾尔自治区		
中国石油乌鲁木齐石化分公司	120	乌鲁木齐市
阿克苏华锦化肥有限公司	80	阿克苏
新疆塔里木石油化工有限责任公司	80	巴音郭楞蒙古自治州
奎屯锦疆化工有限公司	70	伊犁州奎屯市
新疆天运化工有限公司	70	巴音郭楞蒙古自治州
新疆宜化化工有限公司	60	昌吉回族自治州

续表

企业名称	产能/（万吨/年）	地区
新疆玉象胡杨化工有限公司	60	阿克苏市
新疆中能万源化工有限公司	60	昌吉回族自治州
新疆心连心能源化工有限公司	52	昌吉回族自治州
兖矿新疆煤化工有限公司	52	乌鲁木齐市
新疆大黄山鸿基焦化有限责任公司	21	昌吉回族自治州 阜康市
新疆美丰化工有限公司	18	阿克苏市
河南省		
河南心连心化学工业集团股份有限公司	150	新乡市
昊华骏化集团有限公司	130	驻马店市
河南晋开化工投资控股集团有限责任公司	120	开封市
安阳中盈化肥有限公司	80	安阳市
河南晋控天庆煤化工有限责任公司	52	沁阳市
河南省中原大化集团有限责任公司	52	濮阳市
河南金山化工有限责任公司	20	孟州市
四川省		
四川泸天化股份有限公司	70	泸州市
四川美丰化工股份有限公司	65	德阳市
四川天华股份有限公司	52	泸州市
玖源生态农业科技（集团）有限公司	45	成都市
四川金象化工产业集团股份有限公司	30	眉山市
四川美青氰胺有限责任公司	30	遂宁市
成都玉龙化工有限公司	25	成都市
安徽省		
安徽昊源化工集团有限公司	192	阜阳市
安徽晋煤中能化工股份有限公司	70	阜阳市
安徽六国化工股份有限公司	30	铜陵市
安徽泉盛化工有限公司	30	滁州市

续表

企业名称	产能/（万吨/年）	地区
中盐安徽红四方股份有限公司	30	合肥市
河北省		
河北阳煤正元化工集团有限公司	110	石家庄市
河北省东光化工有限责任公司	105	沧州市
河北金万泰化肥有限责任公司	30	新乐市
河北田原化工有限公司	30	保定市
唐山邦力晋银化工有限公司	23	唐山市

4. 2023年尿素产业重点企业地理分布

见附图7　2023中国尿素产业企业分布图。

第四章 无机盐产业链

中国化工产业链图解（2023年版）

第一节 盐化工产业链

盐是化学工业之母。以盐为原料的盐化工产业，不仅提供了“三酸两碱”中的烧碱、纯碱和盐酸，而且还向下游延伸生产出PVC、甲烷氯化物、环氧丙烷、TDI/MDI等多种重要的基础化工原料以及众多的专用化学品，其是带动其他行业发展的基础原材料。盐化工产业链见图4-1。

一、纯碱

1. 纯碱产业概况

纯碱（Soda），又名碳酸钠、苏打，广泛应用于建材、石油化工、冶金、食品、纺织、国防、医药等领域，在国民经济中占有十分重要的地位。中国纯碱产量和消费量均居全球首位。

从全球来看，玻璃是纯碱最主要的下游产品，占纯碱需求的52%；其次是肥皂与洗涤剂，占纯碱需求的13%；无机化学品占纯碱需求的12%，三者合计占纯碱需求的77%。

纯碱主要的生产工艺有3种：天然碱法、氨碱法、联碱法。中国3种工艺均有，但以氨碱法与联碱法为主，天然碱法仅占6%。3种制碱工艺中，氨碱法对环境污染较大，且消耗大量的自然资源，原盐的利用率较低，生产的副产品氯化钙用途较少，大部分作为废渣处理；联碱法较氨碱法污染小，原盐利用率较高，且与合成氨工业相互匹配，副产品氯化铵可以用作生产复合肥的原料，大规模生产有很好的适用性；天然碱法不仅对环境污染较小，且成本低30% ~ 40%。

2021年，全球纯碱产能为4472万吨，中国、美国、土耳其和印度是主要生产国，美国和土耳其是主要的纯碱出口国。

2022年，中国纯碱总产能3295万吨，企业分布比较广泛，产能主

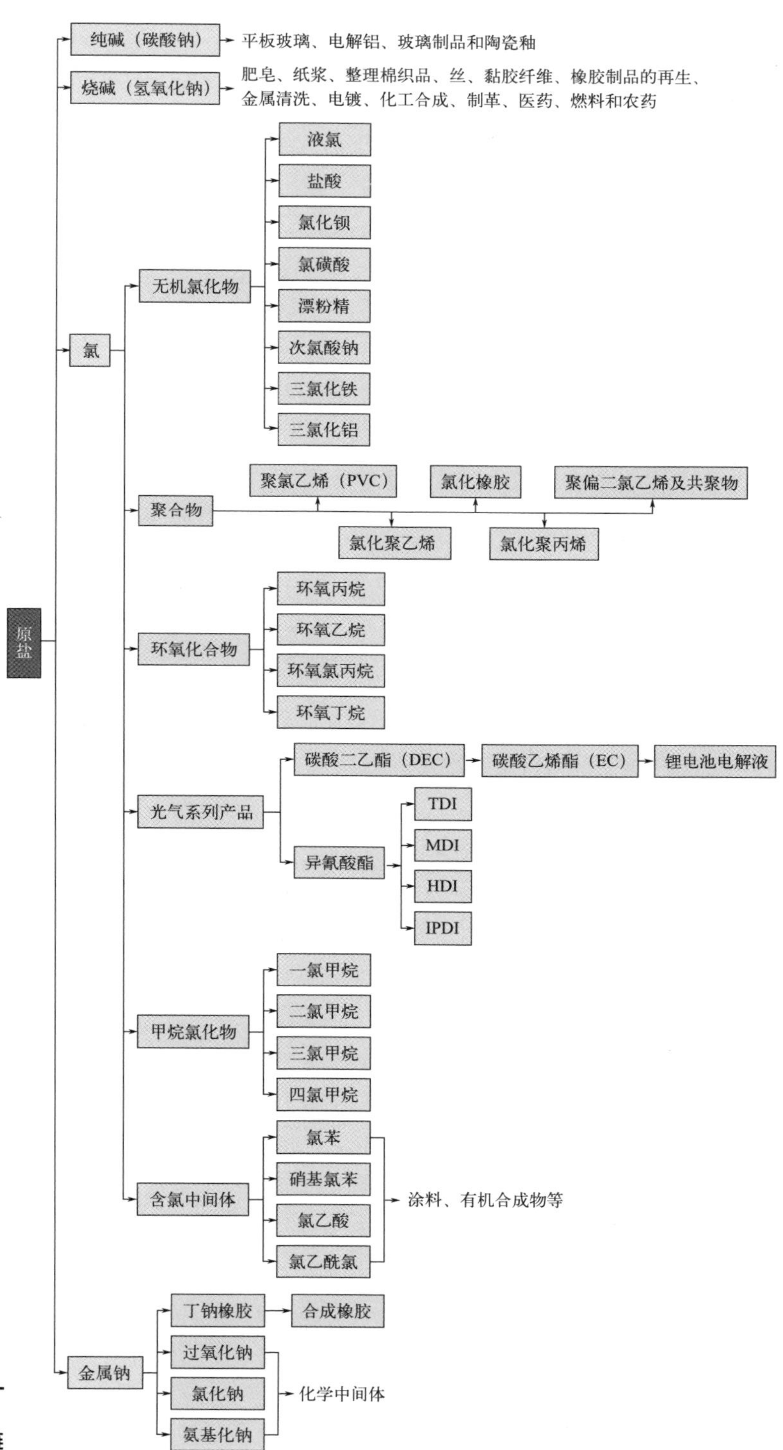
原盐
纯碱（碳酸钠）
平板玻璃、电解铝、玻璃制品和陶瓷釉
烧碱（氢氧化钠）
肥皂、纸浆、整理棉织品、丝、黏胶纤维、橡胶制品的再生、金属清洗、电镀、化工合成、制革、医药、燃料和农药
氯
无机氯化物
液氯
盐酸
氯化钡
氯磺酸
漂粉精
次氯酸钠
三氯化铁
三氯化铝
聚合物
聚氯乙烯（PVC）
氯化橡胶
聚偏二氯乙烯及共聚物
氯化聚乙烯
氯化聚丙烯
环氧化合物
环氧丙烷
环氧乙烷
环氧氯丙烷
环氧丁烷
光气系列产品
碳酸二乙酯（DEC）
碳酸乙烯酯（EC）
锂电池电解液
异氰酸酯
TDI
MDI
HDI
IPDI
甲烷氯化物
一氯甲烷
二氯甲烷
三氯甲烷
四氯甲烷
含氯中间体
氯苯
硝基氯苯
氯乙酸
氯乙酰氯
涂料、有机合成物等
金属钠
丁钠橡胶
合成橡胶
过氧化钠
氯化钠
氨基化钠
化学中间体

图4-1
盐化工产业链

要分布在华东（江苏），华北（唐山、山东），华中（河南、湖北），西北（青海）以及西南（四川）等地。

中国排名前五位的纯碱企业是：唐山三友集团有限公司、河南金山化工集团、山东海化股份有限公司、中盐青海昆仑碱业有限公司、山东海天生物化工有限公司。

2. 纯碱产业头部企业及产能

企业名称	产能/（万吨/年）	主要相关子公司
唐山三友集团有限公司	340	唐山三友碱业（集团）有限公司 唐山三友化工股份有限公司 唐山三友氯碱有限责任公司 唐山三友盐化有限公司 河北长芦大清河盐化集团有限公司
河南金山化工集团	330	河南金山化工有限责任公司 河南金大地化工有限责任公司 河南金天化工有限公司
山东海化股份有限公司	300	
中盐青海昆仑碱业有限公司	150	
山东海天生物化工有限公司	150	
河南中源化学股份有限公司	140	
连云港碱业有限公司	130	
青海发投碱业有限公司	130	
湖北双环科技股份有限公司	120	
四川和邦生物科技股份有限公司	120	

3. 纯碱产业重点企业区域分布

企业名称	产能/（万吨/年）	地区
天津市		
天津渤化永利化工股份有限公司	80	天津市

续表

企业名称	产能/（万吨/年）	地区
河北省		
唐山三友集团有限公司	340	唐山市
内蒙古自治区		
中盐吉兰泰盐化集团有限公司	33	阿拉善盟
锡林郭勒苏尼特碱业有限公司	20	锡林郭勒盟
辽宁省		
大化集团大连化工股份有限公司	60	大连市
江苏省		
连云港碱业有限公司	130	连云港市
实联化工（江苏）有限公司	110	淮安市
中盐昆山有限公司	80	苏州市
江苏华昌化工股份有限公司	70	苏州市
中海华邦化工有限责任公司	70	淮安市
徐州丰成盐化工有限公司	60	徐州市
江苏苏盐井神股份有限公司第三分公司	60	淮安市
江苏德纳化学股份有限公司	30	连云港市
浙江省		
杭州龙山化工有限公司	40	杭州市
安徽省		
安徽德邦化工有限公司	60	淮南市
中盐安徽红四方股份有限公司	30	合肥市
福建省		
福州耀隆化工集团公司	40	福州市
江西省		
江西晶昊盐化有限公司	36	宜春市
山东省		
山东海化股份有限公司	300	潍坊市
山东海天生物化工有限公司	150	潍坊市

续表

企业名称	产能/（万吨/年）	地区
河南省		
河南金山化工集团	330	焦作市
河南中源化学股份有限公司	140	南阳市
昊华骏化集团有限公司	80	驻马店市
桐柏海晶碱业有限责任公司	20	南阳市
湖北省		
湖北双环科技股份有限公司	120	孝感市
应城市新都化工有限责任公司	60	孝感市
湖南省		
湘潭碱业有限公司	30	湘潭市
冷水江金富源碱业有限公司	18	娄底市
广东省		
广东南方碱业股份有限公司	60	广州市
重庆市		
重庆湘渝盐化股份有限公司	80	重庆市
重庆和友实业股份有限公司	40	重庆市
四川省		
四川和邦生物科技股份有限公司	120	乐山市
四川广宇化工股份有限公司	25	德阳市
云南省		
云南云维股份有限公司	20	曲靖市
陕西省		
陕西兴化集团有限责任公司	30	咸阳市
甘肃省		
甘肃金昌化学工业集团有限公司	20	金昌市
青海省		
中盐青海昆仑碱业有限公司	150	海西州德令哈市
青海发投碱业有限公司	130	海西州德令哈市

续表

企业名称	产能/（万吨/年）	地区
青海盐湖镁业有限公司	120	格尔木市
宁夏回族自治区		
宁夏日盛实业有限公司	30	石嘴山市

二、烧碱

1. 烧碱产业概况

烧碱（Sodium hydroxide），学名氢氧化钠，别名苛性钠、火碱，产品种类众多、用途广泛，下游领域囊括上千个品种。产品广泛应用于石化、轻工、纺织、化学建材、电力、食品加工等领域。

中国是世界第一大烧碱消费国。目前烧碱的下游消费中，氧化铝是需求最大的领域，我国是世界最大的氧化铝生产国，氧化铝产量的增长将进一步带动其对烧碱需求量的提升。

在化工领域，烧碱主要用于有机和无机化工产品的制备与合成。在轻工领域，烧碱主要用于纤维素浆的生产，同时也用于生产肥皂、合成洗涤剂、合成脂肪酸及精炼动植物油脂等。在纺织印染领域，烧碱主要用作棉布退浆剂、煮炼剂和丝光剂。石油工业中，烧碱用于精炼石油制品及油田钻井泥浆。

2022年，全球烧碱总产能为10352万吨，产能主要分布在中国、印度、德国、美国和巴西等国家。亚洲是烧碱需求量最大也是需求增速最快的区域，产能主要集中在中国、印度、韩国和日本；东南亚区域烧碱需求主要依赖进口。

2022年，中国烧碱产能达4663.5万吨，产能最大的是华东地区，其中山东仍为烧碱产能最大省份；其次是西北地区和华北地区。华东、华北等地区发展烧碱行业历史悠久，也是下游消费的主要市场；西北地区主要依托资源优势，配套PVC产业发展，生产成本方面的优势较为突出。

2. 烧碱产业头部企业及产能

企业名称	产能/（万吨/年）	主要相关子公司
新疆中泰化学股份有限公司	147	新疆华泰重化工有限责任公司 托克逊县中泰化学盐化有限责任公司
新疆天业股份有限公司	116	天能化工有限公司 天伟化工有限公司
山东信发化工有限公司	113	
山东大地盐化集团有限公司	105	
陕西北元化工集团股份有限公司	90	

3. 烧碱产业重点企业区域分布

企业名称	产能/（万吨/年）	地区
上海市		
上海氯碱化工股份有限公司	72	上海市
江苏省		
新浦化学（泰兴）有限公司	65	泰州市
山东省		
山东信发化工有限公司	113	聊城市
山东大地盐化集团有限公司	105	潍坊市
山东金岭集团有限公司	80	东营市
东营华泰化工集团有限公司	75	东营市
滨化集团股份有限公司	72	滨州市
陕西省		
陕西北元化工集团股份有限公司	90	榆林市
新疆维吾尔自治区		
新疆中泰化学股份有限公司	147	乌鲁木齐市
新疆天业股份有限公司	116	石河子市

第二节 电石产业链

一、电石

1. 电石产业概况

电石是无机化合物，白色晶体，主要成分为碳化钙，工业品为灰黑色块状物，断面为紫色或灰色。电石的熔点随碳化钙的含量不同而变化，纯碳化钙的熔点在2300℃左右，而工业级电石的熔点在2000℃左右。另外，电石的导电性能和密度也与碳化钙的含量有关，碳化钙含量越高，导电性能越好、密度越低。电石遇水立即发生激烈反应，生成乙炔，并放出热量。

电石作为有机化学工业的基础原料主要用于生产聚氯乙烯（PVC），其次是醋酸乙烯、1,4-丁二醇、氯丁橡胶等。电石与氮气反应可以获得具有肥药双重功效的石灰氮，也可以用于生产金属焊接和切割使用的溶解乙炔以及乙炔炭黑。电石还可以作为钢铁冶炼的脱硫剂。电石遇水生成乙炔，用乙炔与氯化氢合成氯乙烯单体，再通过聚合反应生成聚氯乙烯。电石法PVC在我国PVC的产能中占比较大，主要依托于我国西北地区丰富的煤炭资源，以及较廉价的电力成本，在成本优势下电石法PVC得到快速发展。

2018—2022年，我国电石行业加快产能规模调整，部分“老破小”装置加快产能置换，市场整体供应能力有所提升，电石行业集中度进一步提升。

2. 电石产业头部企业及产能

企业名称	产能/（万吨/年）	主要相关子公司
新疆天业（集团）有限公司	245	
新疆中泰矿冶有限公司	130	

续表

企业名称	产能/（万吨/年）	主要相关子公司
新疆中泰化学托克逊能化有限公司	130	
内蒙古鄂尔多斯电力冶金集团股份有限公司氯碱化工分公司	130	
神木市电石集团能源发展有限责任公司	120	
内蒙古君正能源化工集团股份有限公司	110	
宁夏大地循环发展股份有限公司	110	
新疆圣雄能源股份有限公司	100	
茌平信发华兴化工有限公司	100	
鄂尔多斯市双欣化学工业有限责任公司	85	

3. 电石产业重点企业区域分布

企业名称	产能/（万吨/年）	地区
安徽省		
安徽华塑股份有限公司	84	滁州市
甘肃省		
甘肃鸿丰电石有限公司	52	兰州市
甘肃倍顺康化工有限公司	20	金昌市
内蒙古自治区		
内蒙古鄂尔多斯电力冶金集团股份有限公司氯碱化工分公司	130	鄂尔多斯市
内蒙古君正能源化工集团股份有限公司	110	乌海市
鄂尔多斯市双欣化学工业有限责任公司	85	鄂尔多斯市
乌海中联化工有限公司	80	乌海市
内蒙古白雁湖化工股份有限公司	80	乌兰察布市
内蒙古东源科技有限公司	72	乌海市

续表

企业名称	产能/（万吨/年）	地区
中盐内蒙古化工股份有限公司	64	阿拉善盟
亿利洁能股份有限公司达拉特分公司	64	鄂尔多斯市
内蒙古宜化化工有限公司	60	乌海市
内蒙古伊东集团东兴化工有限责任公司	60	乌兰察布市
包头海平面高分子工业有限公司	60	包头市
内蒙古振声节能科技有限公司	52.5	鄂尔多斯市
内蒙古中谷矿业有限责任公司	50	鄂尔多斯市
内蒙古乌海化工有限公司	50	乌海市
内蒙古多蒙德冶金化工集团有限公司	50	乌兰察布市
内蒙古伊东集团东屹化工有限责任公司	48	鄂尔多斯市
内蒙古银原化工有限公司	48	乌兰察布市
内蒙古蒙维科技有限公司	45	乌兰察布市
宁夏回族自治区		
宁夏大地循环发展股份有限公司	110	石嘴山市
中国石化长城能源化工（宁夏）有限公司	62.5	银川市
宁夏英力特化工股份有限公司	50	石嘴山市
宁夏滨河永泰化学有限公司	48	石嘴山市
青海省		
青海盐湖海纳化工有限公司	80	西宁市
青海盐湖镁业有限公司	80	格尔木市
山东省		
茌平信发华兴化工有限公司	100	聊城市
陕西省		
神木市电石集团能源发展有限责任公司	120	榆林市
陕西北元集团锦源化工有限公司	50	榆林市
陕西煤业化工集团神木电化发展有限公司	42	榆林市

续表

企业名称	产能/（万吨/年）	地区
新疆维吾尔自治区		
新疆天业（集团）有限公司	245	石河子市
新疆中泰矿冶有限公司	130	阜康市
新疆中泰化学托克逊能化有限公司	130	吐鲁番市
新疆圣雄能源股份有限公司	100	吐鲁番市
新疆金晖兆丰能源股份有限公司	75	阿克苏市
新疆宜化化工有限公司	65	昌吉回族自治州
新疆胜沃能源开发有限公司	58	克拉玛依市
新疆国泰新华矿业股份有限公司	40	昌吉回族自治州

4. 2023年中国电石产业企业地理分布

见附图8　2023中国电石产业企业分布图。

二、聚氯乙烯（PVC）

1. 聚氯乙烯产业概况

聚氯乙烯（Polyvinyl chloride，简称PVC）是五大通用塑料之一，是重要的有机合成材料。PVC以阻燃、绝缘、耐磨损等优良的性能赢得了广阔市场，广泛应用于轻工、建材、农业、日常生活、包装、电力、公用事业等领域，尤其在建筑塑料、农用塑料、塑料包装材料、日用塑料等领域占有重要地位。

PVC是最早用于工业化生产的塑料管道材料，至今仍是管道生产的主导材料。PVC强度高、造价低、可回收利用、性能受环境影响小、安全卫生，可用于压力和重力管道，也可用于塑料包装、制品等领域，其低廉的价格和突出的均衡性能，已经在工业和日用品方面成为十分理想的材料。

根据氯乙烯单体的获得方法来区分，PVC可分为电石法和乙烯法。2023年，中国电石法工艺占全国产能的78%，乙烯法工艺产能占比约在22%。电石法工艺占主导的局面主要是由我国的资源结构决定的，电石法成本具有一定优势。

2022年，中国PVC产能为2642万吨，产能分布集中，其中西北和华北占比较大，分别达51.02%和27.02%。

在下游消费结构中，管材以34%的消费占比稳居第一；型材门窗近年来随着房地产市场需求变化及活动放缓，需求占比减弱至15%左右；新型家装地板、壁纸、发泡制品等产品需求增加，占比达12%，薄膜包装、电线电缆占比包装分别为10.5%、8.5%。

2. PVC产业头部企业及产能

企业名称	产能/（万吨/年）	主要相关子公司
新疆中泰化学股份有限公司	247	新疆华泰重化工有限责任公司
新疆天业（集团）有限公司	130	
陕西北元化工集团股份有限公司	125	
青海盐湖工业股份有限公司	124	
湖北宜化集团有限责任公司	115	湖北宜化化工股份有限公司
中国化工集团有限公司	105	
天津大沽化工股份有限公司	80	
青岛海湾化学有限公司	80	

3. PVC产业重点企业区域分布

企业名称	产能/（万吨/年）	地区
北京市		
中国中化集团有限公司	105	北京市
天津市		
天津大沽化工股份有限公司	80	天津市
内蒙古自治区		
内蒙古鄂尔多斯资源股份有限公司	80	鄂尔多斯市
内蒙古君正能源化工集团股份有限公司	70	乌海市
江苏省		
泰州联成化学工业有限公司	60	泰州市
安徽省		
安徽华塑股份有限公司	62	滁州市
山东省		
青岛海湾化学有限公司	80	青岛市
茌平信发聚氯乙烯有限公司	70	聊城市
湖北省		
湖北宜化集团有限责任公司	115	宜昌市
广东省		
鸿达兴业集团有限公司	70	广州市
陕西省		
陕西北元化工集团股份有限公司	125	榆林市
青海省		
青海盐湖工业股份有限公司	124	格尔木市
宁夏回族自治区		
宁夏金昱元化工集团有限公司	70	吴忠市
新疆维吾尔自治区		
新疆中泰化学股份有限公司	247	乌鲁木齐市
新疆天业股份有限公司	130	石河子市

4. 2023年中国PVC产业企业地理分布

见附图9　2023中国聚氯乙烯产业企业分布图。

第三节　磷化工产业链

磷是一种重要化工原料，工业用磷主要从磷矿中提取。以磷矿石为原料，通过化学方法提取其中的磷元素并加工成众多化工产品，这一产业链被称为磷化工行业。磷化工行业主要包括磷肥和磷酸盐两个子行业，产品广泛应用于农业、食品、阻燃剂、洗涤剂、电子等领域。

一、磷化工产业链图

磷化工产业链见图4-2。

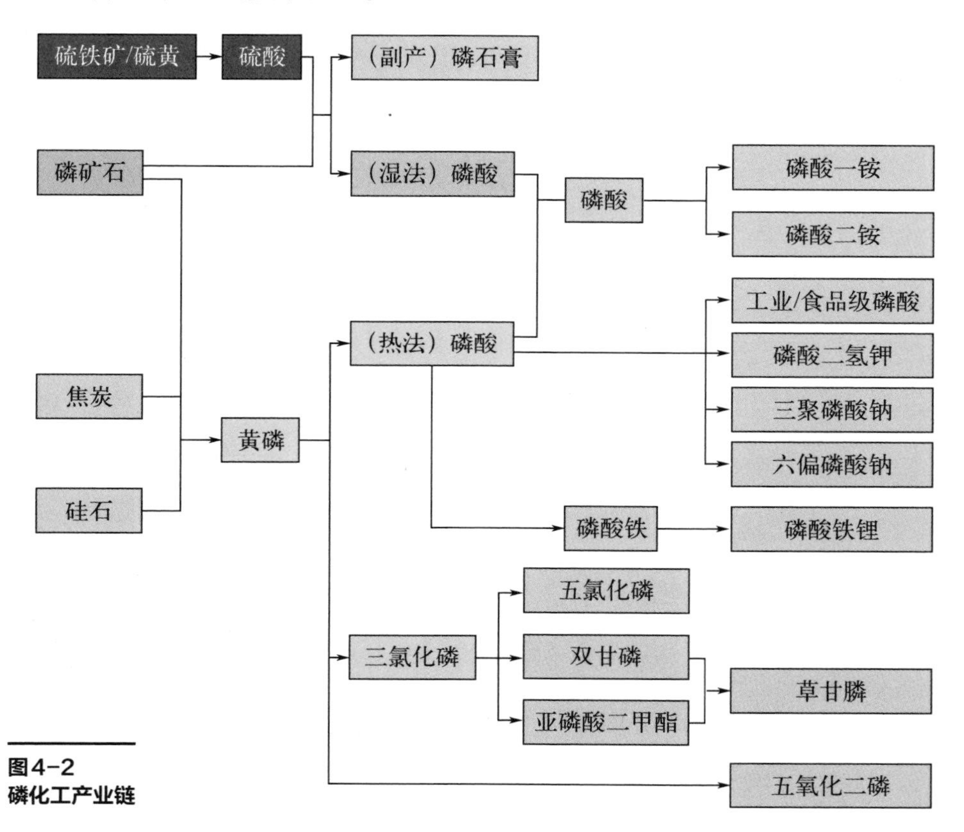

图4-2
磷化工产业链

二、磷化工产业链概况

1. 磷酸一铵

磷酸一铵又称磷酸二氢铵，是一种水溶性速效复合肥，是高浓度磷复肥的主要品种之一。中国磷酸一铵主要由磷酸和氨进行酸、碱反应制得，采用先进的管式反应器工艺进行生产。目前最多的是采用喷雾干燥法生产粉状磷酸一铵，作为复合肥生产的原料。

2022年，中国磷酸一铵产能1881万吨。华中地区磷酸一铵产能占比高达52%，西南、华东地区占比分别为33%和9%。湖北省为全国最大的磷酸一铵生产地，除了磷矿石资源优势之外，还占据水路、公路、铁路运输优势。

2. 磷酸二铵

磷酸二铵是一种无机化合物，无色透明单斜晶体或白色粉末，是一种广泛应用于蔬菜、水果、水稻和小麦的高效肥料。工业上，磷酸二铵用作饲料添加剂、阻燃剂和灭火剂的配料等，还广泛用于印刷制版、医药、防火、电子管等领域。

2022年，中国磷酸二铵产能约2133万吨，产能较为集中，主要分布在云南、贵州、湖北等磷矿资源丰富的地区。其中湖北产能631万吨，占全国总产能的29.58%，云南产能610万吨/年，占全国总产能的28.60%，贵州产能540万吨/年，占全国总产能的25.32%。以上地区丰富的磷矿资源，为磷肥企业生产奠定基础优势。另外贵州磷化、云南云天化等企业拥有多套大型装置，市场占有率较高。

三、磷化工产业链重点企业及产能

1. 磷酸一铵

企业名称	产能/（万吨/年）	主要相关子公司
湖北祥云（集团）化工股份有限公司	150	山东正道肥业有限公司
新洋丰农业科技股份有限公司	135	
云天化集团有限责任公司	104	云南磷化集团有限公司 云南云天化国际化工有限公司
龙蟒大地农业有限公司	100	
安徽省司尔特肥业股份有限公司	95	

2. 磷酸二铵

企业名称	产能/（万吨/年）	主要相关子公司
贵州开磷集团股份有限公司	420	
湖北宜化集团有限责任公司	210	
瓮福（集团）有限责任公司	120	
云南三环中化化肥有限公司	120	
云南天安化工有限公司	120	

四、磷化工产业链重点企业区域分布

1. 磷酸一铵

企业名称	产能/（万吨/年）	地区
河北省		
承德黎河肥业有限公司	25	承德市
内蒙古自治区		
内蒙古大地云天化工有限公司	12	赤峰市
辽宁省		
辽宁施可丰新型肥料有限公司	30	朝阳市

续表

企业名称	产能/（万吨/年）	地区
江苏省		
宜兴申利化工有限公司	25	无锡市
安徽省		
安徽省司尔特肥业股份有限公司	95	宣城市
安徽六国化工股份有限公司	25	铜陵市
安徽辉隆中成科技有限公司	20	合肥市
山东省		
威海恒邦化工有限公司	21	威海市
河南省		
济源市丰田肥业有限公司	30	济源市
灵宝金源晨光有色矿冶有限公司	20	三门峡市
济源市万洋肥业有限公司	15	济源市
湖北省		
湖北祥云（集团）化工股份有限公司	150	黄冈市
新洋丰农业科技股份有限公司	135	荆门市
湖北鄂中生态工程股份有限公司	70	荆门市
湖北世龙化工有限公司	65	荆门市
襄阳泽东化工集团有限公司	60	襄阳市
湖北三宁化工股份有限公司	45	宜昌市
湖北东圣化工集团有限公司	35	宜昌市
嘉施利（荆州）化肥有限公司	35	荆州市
湖北国抒特化工实业有限公司	30	荆门市
宜都兴发化工有限公司	25	宜昌市
宜昌西部化工有限公司	25	宜昌市
湖北丰利化工有限责任公司	22	襄阳市
宜昌中孚化工科技有限公司	19	宜昌市
嘉施利（宜城）化肥有限公司	15	襄阳市
钟祥市大生化工有限公司	15	荆门市

续表

企业名称	产能/（万吨/年）	地区
湖北京襄化工有限公司	15	荆门市
湖北辰澳科技有限公司	15	荆门市
湖北科海化工科技有限公司	15	荆门市
湖北大峪口化工有限责任公司	15	荆门市
湖北六国化工股份有限公司	12	宜昌市
湖北省黄麦岭磷化工有限责任公司	10	孝感市
四川省		
龙蟒大地农业有限公司	100	德阳市
四川新洋丰肥业有限公司	60	凉山彝族自治州
四川宏达股份有限公司	35	德阳市
德阳昊华清平磷矿有限公司	22	德阳市
施可丰四川雷波化工有限公司	20	凉山彝族自治州
贵州省		
贵州开磷化肥有限责任公司	60	贵阳市
瓮福（集团）有限责任公司	48	贵阳市
金正大诺泰尔化学有限公司	20	黔南布依族苗族自治州
云南省		
云天化集团有限责任公司	104	昭通市
云南祥丰化肥股份有限公司	20	昆明市
云南鸿泰博化工股份有限公司	15	曲靖市
云南中正化学工业有限公司	15	昆明市
云南红富化肥有限公司	15	昆明市
陆良润霖磷化工有限责任公司	12	曲靖市
红河合众锌业有限公司	3	红河哈尼族彝族自治州个旧市
陕西省		
陕西陕化煤化工集团有限公司	10	渭南市

续表

企业名称	产能/（万吨/年）	地区
甘肃省		
金昌奔马复合肥有限责任公司	15	金昌市

2. 磷酸二铵

企业名称	产能/（万吨/年）	地区
内蒙古自治区		
内蒙古大地云天化工有限公司	70	赤峰市
安徽省		
安徽六国化工股份有限公司	80	铜陵市
福建省		
瓮福紫金化工股份有限公司	40	龙岩市
山东省		
山东鲁北化工股份有限公司	30	滨州市
湖北省		
湖北宜化集团有限责任公司	210	宜昌市
湖北兴发化工集团股份有限公司	105	宜昌市
湖北大峪口化工有限责任公司	100	荆门市
湖北东圣化工集团有限公司	80	宜昌市
湖北三宁化工股份有限公司	36	宜昌市
湖北省黄麦岭磷化工有限责任公司	35	孝感市
湖北六国化工股份有限公司	35	宜昌市
湖北祥云（集团）化工股份有限公司	30	黄冈市
广东省		
湛化股份有限公司	60	湛江市
四川省		
达州瓮福蓝剑化工有限责任公司	60	达州市

续表

企业名称	产能/（万吨/年）	地区
贵州省		
贵州开磷集团股份有限公司	420	贵阳市
瓮福（集团）有限责任公司	120	贵阳市
云南省		
云南三环中化化肥有限公司	120	昆明市
云南天安化工有限公司	120	昆明市
云南祥丰化肥股份有限公司	100	昆明市
云南云天化红磷化工有限公司	80	红河哈尼族彝族自治州开远市
云南三环新盛化肥有限公司	60	昆明市
云南云天化云峰化工有限公司	30	曲靖市
陕西省		
陕西陕化化工集团有限公司	18	渭南市
甘肃省		
甘肃瓮福化工有限责任公司	40	金昌市
青海省		
青海云天化国际化肥有限公司	24	西宁市

第五章

氢产业链

中国化工产业链图解（2023年版）

1. 氢气产业链图（图5-1）

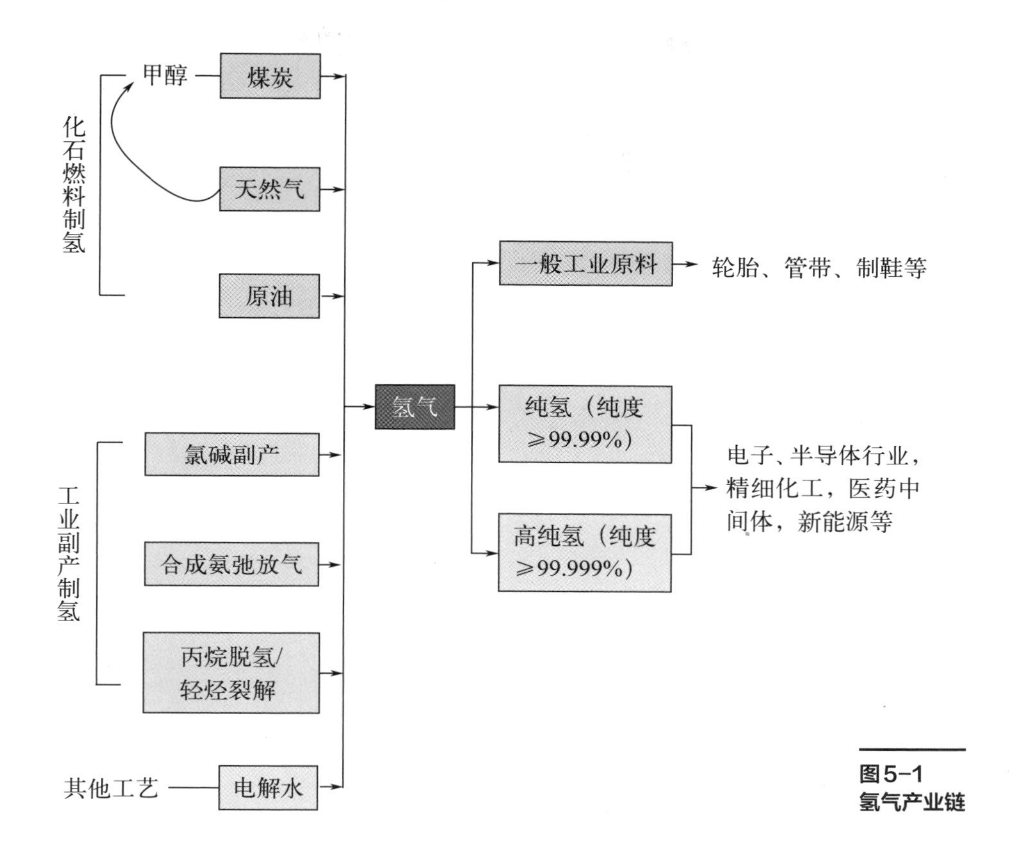

图5-1
氢气产业链

2. 氢气（纯度≥99.99%）-纯氢及高纯氢产业概况

氢能是目前已知能源中最为清洁的能源，氢气使用过程的产物是水，可以真正做到零排放、无污染，因此氢能被看作是最具应用前景的能源之一，或成为能源使用的终极形式。

我国氢气来源十分广泛，主要的制氢方式有化石燃料制氢（包括天然气制氢、煤制氢、石油热裂解等）、工业副产制氢（包括氯碱副产、丙烷脱氢、轻烃裂解、合成氨弛放气等），以上方法生产的氢气均可提纯后生成纯氢和高纯氢。另外，可直接生产高纯氢的工艺方式还有电解水制氢。

对比各种主流制氢方法，化石燃料制氢技术成熟，适合大规模制氢，但生产过程中碳排放量相对较高，对氢气提纯以及碳捕集、碳封存也有较高要求；工业副产制氢具有原料来源广泛、成本相对较低等特点，但作为高纯氢的供应来源，其稳定性相对较差，目前我国工业副产氢利用率仍有待提高。从成本和减排方面综合考虑，工业副产氢提纯是燃料电池发展初期和中期的最佳供氢解决方案之一；电解水制氢技术目前发展已经较为成熟，制取的氢气纯度较高，且与可再生能源耦合性较高,碳排放量最低。未来随着氢能应用的进一步发展，“可再生能源+水解制氢”将成为最有发展潜力的绿色氢能供应方式。

我国是世界上最大的氢气生产国。2022年氢气产量约3780万吨，其中纯度超过99.99%的氢气约为45万吨。从2022年中国高纯氢装置产能分布来看，居前三位的分别是华东、华北和华中地区，占比分别为35%、30%和12%。华东地区能源化工产业发达，工业副产氢资源丰富，同时，下游化工产品对纯氢以及高纯氢需求较为旺盛，因此产能占比相对较大。华东地区产能较为集中的省市是上海、山东、浙江。华北地区河北省以及内蒙古氢气资源较为丰富，是华北地区主要的氢气供应地。2022年，华中地区有宗惠气体、焦作伟祺、湖北和远等企业的多套装置投产，产能占比超越西北，位居第三。

3. 氢气（纯度≥99.99%）-纯氢及高纯氢产业重点企业区域分布

生产企业	产能/（标方/时）	地区
北京市		
中国石化北京燕山分公司	2000	北京市
北京环宇京辉京城气体科技有限公司	1400	北京市
河北省		
河北欣国氢能科技有限公司	6000	沧州市
张家口海珀尔新能源科技有限公司	2000	张家口市

续表

生产企业	产能/（标方/时）	地区
廊坊黎明气体有限公司	800	廊坊市
内蒙古自治区		
内蒙古达康实业股份有限公司	5000	阿拉善盟
乌海市榕鑫能源实业有限责任公司	4900	乌海市
内蒙古伟祺柄通新能源科技有限公司	560	鄂尔多斯市
辽宁省		
沈阳洪生气体有限公司	13000	沈阳市
航锦科技股份有限公司	5000	葫芦岛市
上海市		
上海化学工业区浦江特种气体有限公司	1800	上海市
江苏省		
金桥丰益氯碱（连云港）有限公司	6000	连云港市
梅塞尔气体产品（张家港）有限公司	4000	张家港市
张家港金宏气体有限公司	3500	张家港市
苏州金宏气体股份有限公司	3400	苏州市
林德气体（徐州）有限公司	3000	徐州市
林德（南京）精密气体有限公司	2000	南京市
林德华昌（张家港）气体有限公司	1000	张家港市
浙江省		
浙江嘉化能源化工股份有限公司	2000	嘉兴市
液化空气（嘉善）有限公司	1250	嘉兴市
福建省		
福建久策气体股份有限公司	2000	福州市
福建融航气体有限公司	1000	福清市
江西省		
中国石化九江分公司	17	九江市
山东省		
山东滨华氢能源有限公司	1500	滨州市

续表

生产企业	产能/（标方/时）	地区
空气化工产品（淄博）有限公司	600	淄博市
河南省		
濮阳市伟祺化工物资有限公司焦作分公司	6000	焦作市
河南心连心化学工业集团股份有限公司	2500	新乡市
湖北省		
宜昌金猇和远气体有限公司	2500	宜昌市
广东省		
深圳市宏洲工业气体有限公司	2000	深圳市
广州广钢气体能源股份有限公司	1500	广州市
广东联悦氢能有限公司	1000	江门市
重庆市		
重庆金苏化工有限公司	5600	重庆市
四川省		
成都成钢梅塞尔气体产品有限公司	4000	成都市
四川梅塞尔气体产品有限公司	1000	成都市
陕西省		
陕西旭强瑞清洁能源有限公司	6500	渭南市

4. 2023年中国加氢站地理分布

见附图10　2023中国加氢站项目分布图。

附录 1　化学品名称中英文对照

英文简称	中文名称	英文简称	中文名称
ABS	丙烯腈-丁二烯-苯乙烯共聚物	DMF	二甲基甲酰胺
		DMN	2,6-二甲基萘
ACN	丙烯腈	DMT	对苯二甲酸二甲酯
ACR	丙烯酸树脂	DOP	邻苯二甲酸二辛酯
AIF	氟化铝	DOTP	对苯二甲酸二辛酯
BA	丙烯酸丁酯	DPHP	邻苯二甲酸二（2-丙基庚）酯
BD	丁二烯		
BDO	1,4-丁二醇	DPM	3,5-二甲基苯酚
BHT	2,6-二叔丁基-4-甲基苯酚	EA	丙烯酸乙酯
		EAA	乙烯丙烯酸共聚物
BMA	甲基丙烯酸正丁酯	ECH	环氧氯丙烷
BPA	双酚 A	EG	乙二醇
BR	顺丁橡胶	2EH	异辛醇
BZ	纯苯	EHA	丙烯酸辛酯
CHDM	1,4-环己烷二甲酯	ENB	乙叉降冰片烯
DAIP	聚间苯二甲酸二烯丙酯	EO	环氧乙院
DBP	邻苯二甲酸二丁酯	EPDM	三元乙丙橡胶
DCB	3,3-二氯联苯胺	EPI	环氧氯丙烷
DCPD	双环戊二烯	EPS	可发性聚苯乙烯
DDT	双对氢苯基三氯乙烷	ESBR	乳聚丁苯橡胶
DEG	二乙二醇	EVA	乙烯-醋酸乙烯共聚物
DIBP	邻苯二甲酸二异丁酯	EVC	醋酸乙烯-氯乙烯共聚物
DINP	邻苯二甲酸二异壬酯	GBL	γ-丁内酯
DMAM	甲基丙烯酸二甲胺乙酯	GPPS	通用级聚苯乙烯
DMCD	1,4-环己烷二甲酸二甲酯	HDPE	高密度聚乙烯

续表

英文简称	中文名称	英文简称	中文名称
HEA	丙烯酸羟乙酯	PA6	尼龙 6
HIPS	高抗冲级聚苯乙烯	PA66	聚己二酰己二胺 / 尼龙 66
HPA	丙烯酸羟丙酯	PAE	邻苯二甲酸酯
IP	异佛尔酮	PBI	聚苯咪唑
IPA	间苯二甲酸	PBN	聚萘二甲酸丁二醇酯
IPDA	异佛尔酮二胺	PBT	聚对苯二甲酸丁二醇酯
IPDI	异佛尔酮二异氰酸酯	PC	聚碳酸酯
IPN	异佛尔酮腈	PCMX	对氯间二甲酚
LDPE	低密度聚乙烯	PDCPD	聚双环戊二烯
LLDPE	线型低密度聚乙烯	PDO	1,3- 丙二醇
MA	丙烯酸甲酯	PE	聚乙烯
MAN	甲基丙烯腈	mPE	茂金属聚乙烯
MBS	甲基丙烯酸甲酯、丁二烯和苯乙烯的接枝共聚物	PEEK	聚醚醚酮
		PEN	聚 2,6- 萘二甲酸乙二醇酯
MDI	二苯基甲烷二异氰酸酯	PET	聚对苯二甲酸乙二醇酯
MDPE	中密度聚乙烯	PETG	聚（对苯二甲酸乙二醇酯 -1,4- 环己二烯二亚甲基对苯二甲酸酯）
MEG	乙二醇		
MIBC	甲基异丁基甲醇		
MIBK	甲基异丁基（甲）酮	PIN	聚萘二甲酸丙二醇酯
MMA	甲基丙烯酸甲酯	PMIA	聚间苯二甲酰间苯二胺
MOCA	3,3- 二氯 -4,4- 二氢二苯基甲烷（莫卡）	PMMA	聚甲基丙烯酸甲酯
		PO	环氧丙烷
MTBE	甲基叔丁基醚	PP	聚丙烯
NBL	正丁醇	PPS	聚苯硫醚
NMP	*N*- 甲基吡咯烷酮	PS	聚苯乙烯
NVP	*N*- 乙烯基吡咯烷酮	PTA	精对苯二甲酸

续表

英文简称	中文名称	英文简称	中文名称
PTEF	聚四氟乙烯	SIPM	间苯二甲酸二甲酯-5-硫酸钠
PTMEG	聚四亚甲基醚二醇		
PTT	聚对苯二甲酸丙二醇酯	SIS	苯乙烯-异戊二烯-苯乙烯嵌段共聚物
PU	聚氨酯		
PVC	聚氯乙烯	SM	苯乙烯
PX	对二甲苯	SSBR	溶聚丁苯橡胶
SAN	苯乙烯-丙烯腈共聚物	TDI	甲苯二异氰酸酯
SBC	苯乙烯类热塑性嵌段共聚物	THF	四氢呋喃
		TOTM	偏苯三酸三辛酯
SBL	丁苯胶与丁二烯共聚胶乳	TPEE	热塑性聚氨酯弹性体
SBR	丁苯橡胶	TPU	热塑性聚氨酯弹性塑胶
SBS	苯乙烯-丁二烯-苯乙烯嵌段共聚物	TPV	热塑性硫化橡胶
		UHMWPE	超高分子量聚乙烯
SEBS	苯乙烯-乙烯-丁烯-苯乙烯嵌段共聚物	UPR	不饱和聚酯树脂
		VA	醋酸乙烯
SEPS	苯乙烯-乙烯-丙烯-苯乙烯嵌段共聚物	VAE	醋酸乙烯-乙烯共聚乳液
		VAM	醋酸乙烯单体

附录 2 企业名称对照表

（各省份企业按企业名称汉语拼音为序）

省份	企业简称	企业全称
北京市	北京环宇京辉京城气体科技	北京环宇京辉京城气体科技有限公司
	燕山石化	中国石化北京燕山分公司
	中国化工集团	中国化工集团有限公司
天津市	大港石化	中国石油大港石化分公司
	河北宝晟	河北宝晟新型材料有限公司
	陆港石油橡胶	天津市陆港石油橡胶有限公司
	仁泰新材料	天津仁泰新材料股份有限公司
	天津渤化永利化工	天津渤化永利化工股份有限公司
	天津大沽	天津大沽化工股份有限公司
	天津海晶	天津海晶塑料制品有限公司
	天津乐金渤	天津乐金渤天化学有限责任公司
	天津石化	中国石化天津分公司
	中沙天津	中沙（天津）石化有限公司
河北省	邦力晋银	唐山邦力晋银化工有限公司
	沧州金诺	沧州金诺石化有限公司
	沧州炼化	中国石油化工股份有限公司沧州分公司
	承德黎河肥业	承德黎河肥业有限公司
	海伟石化	海伟石化有限公司
	河北东光	河北省东光化工有限责任公司
	河北海伟	河北海特伟业石化有限公司
	河北珈奥	河北珈奥甘油化工有限公司
	河北建滔	河北建滔能源发展有限公司
	河北金万泰	河北金万泰化肥有限责任公司

续表

省份	企业简称	企业全称
河北省	河北盛腾化工	盛腾科技集团有限公司
	河北田原化工	河北田原化工有限公司
	河北欣国氢能科技	河北欣国氢能科技有限公司
	河北新启元能源	河北新启元能源技术开发股份有限公司
	河北正元	河北正元氢能科技有限公司
	河北卓泰	河北卓泰肥业有限公司
	华北石化	中国石油华北石化分公司
	金承石油	沧州金承石油化工有限公司
	金润石油	河北金润石油化工有限公司
	凯意石化	河北凯意石化有限公司
	廊坊黎明气体	廊坊黎明气体有限公司
	利和知信	利和知信新材料技术有限公司
	伦特化工	河北伦特化工集团有限公司
	石家庄炼厂	中国石化石家庄炼化分公司
	唐山三友	唐山三友集团有限公司
	唐山旭阳	唐山旭阳化工有限公司
	唐山中浩	唐山中浩化工有限公司
	通达石化	河间市通达石化有限责任公司
	鑫高源石化	沧州鑫高源石油化工有限公司
	鑫海化工	河北鑫海化工集团有限公司
	燕捷特种沥青	黄骅市燕捷特种沥青制品有限公司
	阳煤深州	阳煤集团深州化工有限公司
	阳煤正元	河北阳煤正元化工集团有限公司
	张家口海珀尔新能源	张家口海珀尔新能源科技有限公司
	中海石油中捷化工	中海石油中捷石化有限公司
	中石油秦皇岛	秦皇岛中石油燃料沥青有限责任公司
山西省	晋煤天源	山西晋煤天源化工有限公司

续表

省份	企业简称	企业全称
山西省	灵石中煤	灵石中煤化工有限责任公司
	潞安煤基合成油	山西潞安煤基合成油有限公司
	美锦华盛	山西美锦华盛化工新材料有限公司
	山西金象	山西金象煤化工有限责任公司
	山西晋丰	山西晋丰煤化工有限责任公司
	山西晋煤华昱	山西晋煤华昱煤化工有限责任公司
	山西兰花	山西兰花科技创业股份有限公司
	山西潞宝	山西潞宝集团焦化有限公司
	山西天脊	山西天脊煤化工集团有限公司
	山西天泽	山西天泽煤化工集团股份公司
	山西沃能	山西沃能化工科技有限公司
	同煤广发	同煤广发化学工业有限公司
	阳煤丰喜肥业	阳煤丰喜肥业（集团）有限责任公司
	阳煤和顺化工	阳煤集团和顺化工有限公司
	阳煤集团太原化工	阳煤集团太原化工新材料有限公司
	阳煤寿阳	阳煤集团寿阳化工有限责任公司
	阳泉平定	阳泉集团平定化工有限责任公司
内蒙古自治区	包头海平面高分子工业	包头海平面高分子工业有限公司
	大唐多伦	大唐内蒙古多伦煤化工有限责任公司
	大唐呼伦贝尔化肥	大唐呼伦贝尔化肥有限公司
	鄂尔多斯市双欣化学工业	鄂尔多斯市双欣化学工业有限责任公司
	鄂尔多斯市亿鼎	鄂尔多斯市亿鼎生态农业开发有限公司
	呼和浩特石化	中国石油呼和浩特石化分公司
	呼和浩特旭阳中	呼和浩特旭阳中燃能源有限公司
	呼伦贝尔金新	呼伦贝尔金新化工有限公司
	建元煤化	鄂托克旗建元煤化科技有限责任公司

续表

省份	企业简称	企业全称
内蒙古自治区	久泰能源（准格尔）	久泰能源（准格尔）有限公司
	久泰新材料	内蒙古久泰新材料科技股份有限公司
	内蒙古白雁湖化工	内蒙古白雁湖化工股份有限公司
	内蒙古博大实地	内蒙古博大实地化学有限公司
	内蒙古达康实业	内蒙古达康实业股份有限公司
	内蒙古大地云天化工	内蒙古大地云天化工有限公司
	内蒙古东华	内蒙古东华能源有限责任公司
	内蒙古东源科技	内蒙古东源科技有限公司
	内蒙古多蒙德冶金	内蒙古多蒙德冶金化工集团有限公司
	内蒙古鄂尔多斯电力冶金	内蒙古鄂尔多斯电力冶金集团股份有限公司氯碱化工分公司
	内蒙古鄂尔多斯化学工业	内蒙古鄂尔多斯化学工业有限公司
	内蒙古鄂尔多斯联合	内蒙古鄂尔多斯联合化工有限公司
	内蒙古鄂尔多斯资源	内蒙古鄂尔多斯资源股份有限公司
	内蒙古君正能源化工	内蒙古君正能源化工集团股份有限公司
	内蒙古蒙维科技	内蒙古蒙维科技有限公司
	内蒙古天野	内蒙古天野化工（集团）有限责任公司
	内蒙古伟祺柄通新能源	内蒙古伟祺柄通新能源科技有限公司
	内蒙古乌海化工	内蒙古乌海化工有限公司
	内蒙古新奥	内蒙古新奥集团
	内蒙古新中贾矿业	内蒙古新中贾矿业有限责任公司
	内蒙古伊东集团东兴化工	内蒙古伊东集团东兴化工有限责任公司
	内蒙古伊东集团东屹化工	内蒙古伊东集团东屹化工有限责任公司
	内蒙古宜化化工	内蒙古宜化化工有限公司
	内蒙古银原化工	内蒙古银原化工有限公司

续表

省份	企业简称	企业全称
内蒙古自治区	内蒙古远兴	内蒙古远兴能源股份有限公司
	内蒙古振声节能	内蒙古振声节能科技有限公司
	内蒙古中煤远兴	内蒙古中煤远兴能源化工有限公司
	荣信化工	内蒙古荣信化工有限公司
	神华包头	国家能源集团包头煤化工有限责任公司
	天润化肥	内蒙古天润化肥股份有限公司
	通辽金煤	通辽金煤化工有限公司
	乌海市榕鑫能源实业	乌海市榕鑫能源实业有限责任公司
	乌海中联化工	乌海中联化工有限公司
	锡林郭勒苏尼特	锡林郭勒苏尼特碱业有限公司
	新杭能源	鄂尔多斯市新杭能源有限公司
	新能能源	新能能源有限公司
	兴安盟博源	兴安盟博源化学有限公司
	兴安盟乌兰泰安	兴安盟乌兰泰安能源化工有限责任公司
	亿利洁能	亿利洁能股份有限公司达拉特分公司
	易高煤化	内蒙古易高煤化科技有限公司
	中国神华	中国神华煤制油化工有限公司
	中煤鄂尔多斯能源化工	中煤鄂尔多斯能源化工有限公司
	中煤蒙大	内蒙古中煤蒙大新能源化工有限公司
	中天合创	中天合创能源有限责任公司
	中盐吉兰泰盐化	中盐吉兰泰盐化集团有限公司
	中盐内蒙古化工	中盐内蒙古化工股份有限公司
辽宁省	宝来石化	辽宁中油宝来石油化工有限公司
	宝丽来安德	宝来利安德巴赛尔石化有限公司
	北方华锦化学	北方华锦化学工业股份有限公司
	北方沥青	盘锦北方沥青股份有限公司
	大化集团大连化工	大化集团大连化工股份有限公司

续表

省份	企业简称	企业全称
辽宁省	大连福佳大化石油化工	大连福佳·大化石油化工有限公司
	大连石化	中国石油大连石化分公司
	抚顺石化	中国石油抚顺石化分公司
	航锦科技	航锦科技股份有限公司
	恒力石化	恒力石化股份有限公司
	恒力石化大连炼化	恒力石化（大连）炼化有限公司
	锦西石化	中国石油锦西石化分公司
	锦州开元	锦州开元石化有限责任公司
	锦州石化	中国石油锦州石化分公司
	辽河石化	中国石油辽河石化分公司
	辽宁宝来生物	辽宁宝来生物能源有限公司
	辽宁北方戴纳索	辽宁北方戴纳索合成橡胶有限公司
	辽宁北方化学	辽宁北方化学工业有限公司
	辽宁北化鲁华	辽宁北化鲁华化工有限公司
	辽宁胜友	辽宁胜友橡胶科技有限公司
	辽宁施可丰	辽宁施可丰新型肥料有限公司
	辽阳石化	中国石油辽阳石化分公司
	盘锦浩业化工	盘锦浩业化工有限公司
	盘锦辽通	盘锦辽通化工有限责任公司
	沈阳洪生气体	沈阳洪生气体有限公司
	沈阳化工	沈阳化工股份有限公司
	沈阳石蜡化工	沈阳石蜡化工有限公司
	石蜡化工	沈阳石蜡化工有限公司
	西太平洋	大连西太平洋石油化工有限公司
	益久石化	盘锦益久石化有限公司
	逸盛大化	逸盛大化石化有限公司
	中海油营口	中海沥青（营口）有限责任公司

续表

省份	企业简称	企业全称
吉林省	博海生化	吉林市博海生化有限责任公司
	大庆三聚	大庆三聚能源净化有限公司
	吉林康奈尔	康奈尔化学工业股份有限公司
	吉林石化	中国石油吉林石化分公司
	吉神化学	吉神化学工业股份有限公司
	众鑫化工	吉林众鑫化工集团有限公司
黑龙江省	大庆炼化	中国石油大庆炼化分公司
	大庆石化	中国石油大庆石化分公司
	哈尔滨石化	中国石油哈尔滨石化分公司
	海鼎新材料	大庆海鼎新材料科技有限公司
	海国龙游石化	黑龙江省海国龙油石化股份有限公司
	蓝星哈尔滨	中国蓝星哈尔滨石化有限公司
	七台河宝泰隆	七台河宝泰隆甲醇有限公司
上海市	巴斯夫化工	巴斯夫化工有限公司
	高桥石化	中国石化上海高桥石油化工有限公司
	科思创（上海）	科思创聚合物（中国）有限公司
	上海巴斯夫	上海巴斯夫聚氨酯有限公司
	上海亨斯迈	上海亨斯迈聚氨酯有限公司
	上海华谊	上海华谊能源化工有限公司
	上海华谊丙烯酸	上海华谊丙烯酸有限公司
	上海化学工业区浦江特种气体	上海化学工业区浦江特种气体有限公司
	上海金菲	上海金菲石油化工有限公司
	上海氯碱化工	上海氯碱化工股份有限公司
	上海赛科	上海赛科石油化工有限责任公司
	上海石化	中国石化上海石油化工股份有限公司
	上海亚东石化	亚东石化（上海）有限公司

续表

省份	企业简称	企业全称
上海市	上海中石化三井	上海中石化三井化工有限公司
	西萨化工（上海）	西萨化工（上海）有限公司
江苏省	阿贝尔化学（江苏）	阿贝尔化学（江苏）有限公司
	阿尔法(江阴)	阿尔法(江阴)沥青有限公司
	安道麦安邦	安道麦安邦（江苏）有限公司
	奥克化学	江苏奥克化学有限公司
	常州东昊	常州东昊化工有限公司
	常州富德	富德（常州）能源化工发展有限公司
	德纳化学	江苏德纳化学股份有限公司
	帝斯曼（江苏）	帝斯曼工程材料（江苏）有限公司
	东华能源（张家港）	东华能源（张家港）新材料有限公司
	海天石化	徐州海天石化有限公司
	红宝丽	红宝丽集团泰兴化学有限公司
	虹港石化	江苏虹港石化有限公司
	江苏德纳化学	江苏德纳化学股份有限公司
	江苏富强	江苏富强新材料有限公司
	江苏海力	江苏海力化工有限公司
	江苏海兴	江苏海兴化工有限公司
	江苏海阳科技	海阳科技股份有限公司
	江苏弘盛	江苏弘盛新材料股份有限公司
	江苏华昌化工	江苏华昌化工股份有限公司
	江苏华峰	江苏华峰新材料有限公司
	江苏淮安	淮安锦纶化纤有限公司
	江苏骏马	骏马化纤股份有限公司
	江苏灵谷	灵谷化工有限公司
	江苏绿安擎峰	江苏绿安擎峰新材料有限公司
	江苏瑞美福	江苏瑞美福实业有限公司

续表

省份	企业简称	企业全称
江苏省	江苏瑞祥	江苏瑞祥化工有限公司
	江苏赛宝龙	江苏赛宝龙石化有限公司
	江苏三房巷	江苏三房巷集团有限公司
	江苏三木	江苏三木集团有限公司
	江苏昇科	泰兴市昇科化工有限公司
	江苏双良	双良集团有限公司
	江苏斯尔邦	江苏斯尔邦石化有限公司
	江苏苏盐井神	江苏苏盐井神股份有限公司第三分公司
	江苏索普	江苏索普化工股份有限公司
	江苏威名	江苏威名新材料有限公司
	江苏无锡长安	无锡市长安高分子材料厂有限公司
	江苏新海	江苏新海石化有限公司
	江苏新浦	新浦化学（泰兴）有限公司
	江苏永通	江苏永通新材料科技有限公司
	江苏裕廊	江苏裕廊化工有限公司
	江苏中信国安	江苏中信国安新材料有限公司
	江阴汉邦	江阴（汉邦）石化有限公司
	江阴强力	江阴市强力化纤有限公司
	金海宏业	金海宏业（镇江）沥青有限公司
	金陵亨斯迈	南京金陵亨斯迈新材料有限责任公司
	金陵石化	中国石化金陵分公司
	金桥丰益氯碱（连云港）	金桥丰益氯碱（连云港）有限公司
	连云港环海化工	连云港环海化工有限公司
	连云港碱业	连云港碱业有限公司
	连云港石化	连云港石化有限公司
	林德（南京）精密气体	林德（南京）精密气体有限公司
	林德华昌（张家港）气体	林德华昌（张家港）气体有限公司

续表

省份	企业简称	企业全称
江苏省	林德气体（徐州）	林德气体（徐州）有限公司
	梅塞尔气体产品（张家港）	梅塞尔气体产品（张家港）有限公司
	南京诚志	南京诚志清洁能源有限公司
	塞拉尼斯（南京）	塞拉尼斯（南京）化工有限公司
	申华化学	申华化学工业有限公司
	盛虹炼化	盛虹炼化有限公司
	盛禧奥	盛禧奥聚合物（张家港）有限公司
	实联化工（江苏）	实联化工（江苏）有限公司
	实友化工（扬州）	实友化工（扬州）有限公司
	苏州金宏气体	苏州金宏气体股份有限公司
	台橡宇部	台橡宇部（南通）化学工业有限公司
	泰兴金燕	泰兴金燕化学科技有限公司
	泰州联成	泰州联成化学工业有限公司
	无锡恒天	恒天中纤纺化无锡有限公司
	新阳科技集团	新阳科技集团有限公司
	徐州丰成盐化工	徐州丰成盐化工有限公司
	雅仕德化工（江苏）	雅仕德化工（江苏）有限公司
	扬子石化碧辟	南京扬子石化碧辟乙酰有限责任公司
	杨子巴斯夫	扬子石化-巴斯夫有限责任公司
	杨子石化	中国石化扬子石油化工有限公司
	仪征化纤	仪征化纤股份有限公司
	宜兴申利	宜兴申利化工有限公司
	远东联石化	远东联石化（扬州）有限公司
	张家港金宏气体	张家港金宏气体有限公司
	张家港远程	张家港市远程化纤有限公司
	长春化工（江苏）	长春化工（江苏）有限公司

续表

省份	企业简称	企业全称
江苏省	镇江奇美	镇江奇美化工有限公司
	中海华邦	中海华邦化工有限责任公司
	中海泰州石化	中海油气（泰州）石化有限公司
	中海油气泰州	中海（油气）泰州石化有限公司
	中盐昆山	中盐昆山有限公司
浙江省	阿克苏·诺贝尔粉末涂料（宁波）	阿克苏·诺贝尔粉末涂料（宁波）有限公司
	东曹（瑞安）	东曹（瑞安）聚氨酯有限公司
	东华能源（宁波）	东华能源（宁波）新材料有限公司
	独山能源	浙江独山能源有限公司
	杭州帝凯	杭州帝凯工业布有限公司
	杭州杭鼎	杭州杭鼎锦纶科技有限公司
	杭州聚合	杭州聚合顺新材料股份有限公司
	杭州龙山化工	杭州龙山化工有限公司
	杭州宜邦	杭州宜邦橡胶有限公司
	鸿基石化	浙江鸿基石化股份有限公司
	华彬石化	绍兴华彬石化有限公司
	嘉兴石化	嘉兴石化有限公司
	利万聚酯	宁波利万聚酯材料有限公司
	宁波富德	宁波富德能源有限公司
	宁波亨润	宁波亨润聚合有限公司
	宁波华泰	宁波华泰盛富聚合材料有限公司
	宁波环洋	宁波环洋新材料股份有限公司
	宁波金发	宁波金发新材料有限公司
	宁波金海晨光	宁波金海晨光化学股份有限公司
	宁波科元	科元控股集团有限公司
	宁波科元石化	宁波科元精化股份有限公司

续表

省份	企业简称	企业全称
浙江省	宁波乐金甬兴	宁波乐金甬兴化工有限公司
	宁波利万	宁波利万新材料有限公司
	宁波台塑	台塑工业（宁波）有限公司
	宁波长鸿	宁波长鸿高分子科技股份有限公司
	宁波中金石化	宁波中金石化有限公司
	三江化工	三江化工有限公司
	三江乐天	三江乐天化工有限公司
	三江新材料	浙江三江化工新材料有限公司
	三圆石化	浙江绍兴三圆石化有限公司
	台化兴业（宁波）	台化兴业（宁波）有限公司
	台塑宁波	台塑工业(宁波)有限公司
	万华化学（宁波）	万华化学（宁波）有限公司
	卫星化学	卫星化学股份有限公司
	温州中油	温州中石油燃料沥青有限责任公司
	兴兴新能源	浙江兴兴新能源科技有限公司
	液化空气（嘉善）	液化空气（嘉善）有限公司
	逸盛新材料	逸盛新材料有限公司
	英力士苯领	英力士苯领高分子材料（宁波）有限公司
	浙江传化	浙江传化合成材料有限公司
	浙江方圆	浙江方圆新材料股份有限公司
	浙江豪邦	浙江豪邦化工有限公司
	浙江恒逸	浙江恒逸锦纶有限公司
	浙江华泓	浙江华泓新材料有限公司
	浙江华建	浙江华建尼龙有限公司
	浙江嘉化能源化工	浙江嘉化能源化工股份有限公司
	浙江石化	浙江石油化工有限公司

续表

省份	企业简称	企业全称
浙江省	浙江维泰	浙江维泰橡胶有限公司
	浙江逸盛石化	浙江逸盛石化有限公司
	浙江众立	浙江众立合成材料科技股份有限公司
	镇海炼化	中国石化镇海炼化分公司
	镇海炼化利安德化工	宁波镇海炼化利安德化学有限公司
	中海油大榭石化	中海石油宁波大榭石化有限公司
	舟山石化	中海石油舟山石化有限公司
安徽省	安徽德邦化工	安徽德邦化工有限公司
	安徽昊源	安徽昊源化工集团有限公司
	安徽红四方	中盐安徽红四方股份有限公司
	安徽华塑	安徽华塑股份有限公司
	安徽华谊	安徽华谊化工有限公司
	安徽淮化	安徽淮化集团有限公司
	安徽辉隆中成	安徽辉隆中成科技有限公司
	安徽晋煤中能化工	安徽晋煤中能化工股份有限公司
	安徽六国	安徽六国化工股份有限公司
	安徽泉盛	安徽泉盛化工有限公司
	安徽司尔特肥业	安徽省司尔特肥业股份有限公司
	安庆石化	中国石化安庆分公司
	曙光化工	安徽省安庆市曙光化工股份有限公司
	铜陵嘉合	铜陵嘉合科技有限公司
	瓮福紫金化工	瓮福紫金化工股份有限公司
	中安联合	中安联合煤化有限责任公司
福建省	百宏石化	福建百宏石化有限公司
	福海创石化	福建福海创石油化工有限公司
	福建滨海	福建滨海化工有限公司
	福建福橡	福建省福橡化工有限责任公司

续表

省份	企业简称	企业全称
福建省	福建豪邦	福建豪邦化工有限公司
	福建久策气体	福建久策气体股份有限公司
	福建联合石化	福建联合石油化工有限公司
	福建炼化	福建炼油化工有限公司
	福建湄洲湾	福建湄洲湾氯碱工业有限公司
	福建融航气体	福建融航气体有限公司
	福建申远	福建申远新材料有限公司
	福建天辰耀隆	福建天辰耀隆新材料有限公司
	福建天原	福建天原化工有限公司
	福建永荣锦江	福建永荣锦江股份有限公司
	福建中锦	福建中锦新材料有限公司
	福州耀隆	福州耀隆化工集团公司
	古雷石化	福建古雷石化有限公司
	佳龙石化	石狮市佳龙石化纺纤有限公司
	漳州奇美	漳州奇美化工有限公司
	长乐恒申	长乐恒申合纤科技有限公司
	长乐力恒	长乐力恒锦纶科技有限公司
	中化泉州	中化泉州石化有限公司
	中景石化	福建中景石化有限公司
	中仑塑业（福建）	中仑塑业（福建）有限公司
江西省	江西晶昊	江西晶昊盐化有限公司
	江西塑星	江西塑星材料有限公司
	九江石化	中国石化九江分公司
	九江心连心	九江心连心化肥有限公司
山东省	茌平信发华兴化工	茌平信发华兴化工有限公司
	茌平信发聚氯乙烯	茌平信发聚氯乙烯有限公司
	东方宏叶	山东东方宏业化工有限公司

续表

省份	企业简称	企业全称
山东省	东方华龙工贸	山东东方华龙工贸集团有限公司
	东明东方	东明东方化工有限公司
	东明恒昌	东明恒昌化工有限公司
	东营海科瑞林	东营市海科瑞林化工有限公司
	东营赫邦	东营市赫邦化工有限公司
	东营华泰	东营华泰精细化工有限责任公司
	东营华泰化工	东营华泰化工集团有限公司
	东营联成	东营市联成化工有限责任公司
	东营齐润石化	东营齐润化工有限公司
	东营石化	中海（东营）石化有限公司
	东营亚通石化	东营市亚通石化有限公司
	广饶科力达	广饶科力达石化科技有限公司
	华鲁恒升	山东华鲁恒升集团有限公司
	华宇橡胶	华宇橡胶有限责任公司
	济南炼厂	中国石化济南分公司
	建兰化工	山东建兰化工股份有限公司
	金能科技	山东金能科技股份有限公司
	久泰能源	久泰能源科技有限公司
	空气化工产品（淄博）	空气化工产品（淄博）有限公司
	蓝帆化工	山东蓝帆化工有限公司
	利华益	利华益集团股份有限公司
	利华益炼化	利华益利津炼化有限公司
	利华益维远	利华益维远化学股份有限公司
	联泓（山东）	联泓（山东）化学有限公司
	联泓新材料	联泓新材料科技股份有限公司
	鲁华恒生	山东华鲁恒升集团有限公司

续表

省份	企业简称	企业全称
山东省	鲁清石化	山东寿光鲁清石化有限公司
	鲁西化工	鲁西化工集团股份有限公司
	鲁洲沂水	山东鲁洲集团沂水化工有限公司
	齐成石化	山东齐成石油化工有限公司
	齐鲁石化	中国石化齐鲁分公司
	齐翔腾达	淄博齐翔腾达化工股份有限公司
	青岛海湾	青岛海湾化学有限公司
	青岛康威	青岛康威化纤有限公司
	青岛丽东	青岛丽东化工有限公司
	青岛炼化	中国石化青岛炼油化工有限责任公司
	青岛石化	中国石化青岛石油化工有限责任公司
	山东滨华氢能源	山东滨华氢能源有限公司
	山东滨化	滨化集团股份有限公司
	山东昌邑石化	山东昌邑石化有限公司
	山东晟原	山东晟原石化科技有限公司
	山东大地盐化	山东大地盐化集团有限公司
	山东大泽	山东大泽化工有限公司
	山东道尔	山东道尔新材料科技有限公司
	山东东明	山东东明石化集团有限公司
	山东方明	山东方明化工股份有限公司
	山东海化	山东海化股份有限公司
	山东海江	山东海江化工有限公司
	山东海力	山东海力化工股份有限公司
	山东海天	山东海天生物化工有限公司
	山东海右	山东海右石化集团有限公司
	山东恒正	山东恒正新材料有限公司

续表

省份	企业简称	企业全称
山东省	山东宏信	山东宏信化工股份有限公司
	山东洪鼎	山东洪鼎化工有限公司
	山东华懋	山东华懋新材料有限公司
	山东华星石油化工	山东华星石油化工集团有限公司
	山东华宇	华宇橡胶有限责任公司
	山东汇丰石化	山东汇丰石化集团有限公司
	山东嘉创	山东嘉创新材料有限公司
	山东金诚石化	山东金诚石化集团有限公司
	山东金岭	山东金岭化工股份有限公司
	山东金岭集团	山东金岭集团有限公司
	山东晋煤明升达化工	山东晋煤明升达化工有限公司
	山东晋煤明水	山东晋煤明水化工集团有限公司
	山东京博	山东京博控股集团有限公司
	山东京博石化	山东京博石油化工有限公司
	山东聚圣	山东聚圣科技有限公司
	山东开泰	山东开泰石化股份有限公司
	山东科鲁尔	山东科鲁尔化学有限公司
	山东垦利	山东垦利石化集团有限公司
	山东岚化	山东岚化化工有限公司
	山东联盟	山东联盟化工集团有限公司
	山东鲁北化工	山东鲁北化工股份有限公司
	山东民基	山东民基新材料科技有限公司
	山东诺尔	山东诺尔生物科技有限公司
	山东齐旺达石化	山东齐旺达石油化工有限公司
	山东润银	山东润银生物化工股份有限公司
	山东三岳	山东三岳化工有限公司

续表

省份	企业简称	企业全称
山东省	山东胜星化工	山东胜星化工有限公司
	山东石大胜华	山东石大胜华化工集团股份有限公司垦利分公司
	山东时风	山东时风（集团）有限责任公司
	山东万达	山东万达集团股份有限公司
	山东威联化学	东营威联化学有限公司
	山东鑫岳	山东鑫岳化学有限公司
	山东信发	山东信发化工有限公司
	山东玉皇	山东玉皇化工有限公司
	山东正和石化	正和集团股份有限公司
	山东中海	山东中海精细化工有限公司
	舒肤康新材料	潍坊舒肤康新材料科技有限公司
	威海恒邦化工	威海恒邦化工有限公司
	无棣鑫岳	无棣鑫岳化工集团有限公司
	烟台浩普	浩普新材料科技股份有限公司
	烟台万华	万华化学（烟台）石化有限公司
	烟台万华	万华化学集团股份有限公司
	兖矿国宏	兖矿国宏化工有限责任公司
	兖矿鲁南化工	兖矿鲁南化工有限公司
	阳煤恒通	山东阳煤恒通化工股份有限公司
	阳煤平原	阳煤平原化工有限公司
	章丘日月	晋煤集团章丘日月化工有限公司
	中海滨州	中海沥青股份有限公司
	中海外能源科技（山东）	中海外能源科技（山东）有限公司

续表

省份	企业简称	企业全称
山东省	中化弘润	中化弘润石油化工有限公司
	淄博飞源	淄博飞源化工有限公司
	淄博齐岭南化工	淄博齐岭南化工科技有限公司
	淄博鑫泰石化	淄博鑫泰石化有限公司
河南省	安阳永金	安阳永金化工有限公司
	安阳中盈化肥	安阳中盈化肥有限公司
	昊华骏化集团	昊华骏化集团有限公司
	河南金山化工	河南金山化工有限责任公司
	河南金山化工集团	河南金山化工集团
	河南晋开化工	河南晋开化工投资控股集团有限责任公司
	河南晋控天庆	河南晋控天庆煤化工有限责任公司
	河南龙宇	河南龙宇煤化工有限公司
	河南能源化工集团鹤壁煤化	河南能源化工集团鹤壁煤化工有限公司
	河南神马	河南神马尼龙化工有限责任公司
	河南顺达	河南顺达新能源科技有限公司
	河南心连心	河南心连心化学工业集团股份有限公司
	河南心连心	河南心连心化肥有限公司
	河南中原大化	河南省中原大化集团有限责任公司
	河南中源	河南中源化学股份有限公司
	济源丰田肥业	济源市丰田肥业有限公司
	济源万洋肥业	济源市万洋肥业有限公司
	焦作开元	焦作煤业（集团）开元化工有限责任公司
	灵宝金源晨光有色矿冶	灵宝金源晨光有色矿冶有限公司

续表

省份	企业简称	企业全称
河南省	洛阳宏兴新能源	洛阳宏兴新能源化工有限公司
	洛阳石化	中国石化洛阳分公司
	洛阳永金	洛阳永金化工有限公司
	濮阳蓝星	濮阳蓝星新材料有限公司
	濮阳伟祺化工	濮阳市伟祺化工物资有限公司焦作分公司
	濮阳永金	濮阳永金化工有限公司
	桐柏海晶	桐柏海晶碱业有限责任公司
	新乡永金	新乡永金化工有限公司
	永城永金	永城永金化工有限公司
	中国平煤神马集团	中国平煤神马能源化工集团有限责任公司
	中原石化	中国石化中原石油化工有限责任公司
湖北省	湖北辰澳科技	湖北辰澳科技有限公司
	湖北大峪口化工	湖北大峪口化工有限责任公司
	湖北东圣化工	湖北东圣化工集团有限公司
	湖北鄂中生态工程	湖北鄂中生态工程股份有限公司
	湖北丰利化工	湖北丰利化工有限责任公司
	湖北国抒特化工	湖北国抒特化工实业有限公司
	湖北化肥	中国石化湖北化肥分公司
	湖北黄麦岭磷化工	湖北省黄麦岭磷化工有限责任公司
	湖北京襄化工	湖北京襄化工有限公司
	湖北科海化工	湖北科海化工科技有限公司
	湖北六国化工	湖北六国化工股份有限公司
	湖北世龙化工	湖北世龙化工有限公司
	湖北双环	湖北双环科技股份有限公司

续表

省份	企业简称	企业全称
湖北省	湖北祥云（集团）化工	湖北祥云（集团）化工股份有限公司
	湖北兴发化工	湖北兴发化工集团股份有限公司
	湖北宜化集团	湖北宜化集团有限责任公司
	华强化工	华强化工集团股份有限公司
	嘉施利（荆州）	嘉施利（荆州）化肥有限公司
	嘉施利（宜城）	嘉施利（宜城）化肥有限公司
	荆门石化	中国石化荆门分公司
	荆门盈德	荆门盈德气体有限公司
	潜江华润	湖北省潜江华润化肥有限公司
	三宁化工	湖北三宁化工股份有限公司
	武汉凯顺石化	武汉凯顺石化科技有限公司
	武汉石化	中国石化武汉分公司
	襄阳泽东化工	襄阳泽东化工集团有限公司
	新洋丰农业科技	新洋丰农业科技股份有限公司
	宜昌金猇和远气体	宜昌金猇和远气体有限公司
	宜昌西部化工	宜昌西部化工有限公司
	宜昌中孚化工	宜昌中孚化工科技有限公司
	宜都兴发化工	宜都兴发化工有限公司
	应城新都化工	应城市新都化工有限责任公司
	永安药业	潜江永安药业股份有限公司
	中韩石化	中韩（武汉）石油化工有限公司
	钟祥大生化工	钟祥市大生化工有限公司
湖南省	巴陵石化	中国石化巴陵分公司
	常德聚合顺	常德聚合顺新材料有限公司
	建滔实业	建滔（衡阳）实业有限公司
	冷水江金富源	冷水江金富源碱业有限公司

续表

省份	企业简称	企业全称
湖南省	湘潭碱业	湘潭碱业有限公司
	岳阳巴陵石化	岳阳巴陵石化化工化纤有限公司
	长岭石化	中国石化长岭分公司
	中海石油	中海石油化学股份有限公司
重庆市	巴斯夫聚氨酯（重庆）	巴斯夫聚氨酯（重庆）有限公司
	蓬威石化	重庆市蓬威石化有限责任公司
	扬子江乙酰	扬子江乙酰化工有限公司
	重庆川维化工	中国石化集团重庆川维化工有限公司
	重庆和友实业	重庆和友实业股份有限公司
	重庆华峰	重庆华峰化工有限公司
	重庆建峰	重庆建峰工业集团有限公司
	重庆金苏化工	重庆金苏化工有限公司
	重庆卡贝乐	重庆卡贝乐化工有限责任公司
	重庆湘渝盐化	重庆湘渝盐化股份有限公司
广东省	东莞巨正源	巨正源股份有限公司
	广东鸿达兴	鸿达兴业集团有限公司
	广东联悦氢能	广东联悦氢能有限公司
	广东南方	广东南方碱业股份有限公司
	广东新华粤	广东新华粤石化集团股份公司
	广东新会美达	广东新会美达锦纶股份有限公司
	广东众和	广东众和化塑股份公司
	广州广钢	广州广钢气体能源股份有限公司
	广州石化	中国石化广州分公司
	惠州李长荣	惠州李长荣橡胶有限公司
	惠州仁信	惠州仁信新材料股份有限公司
	惠州忠信	惠州忠信化工有限公司

续表

省份	企业简称	企业全称
广东省	乐金化学（惠州）	乐金化学（惠州）化工有限公司
	茂名石化	中国石化茂名分公司
	茂名银丰	茂名市银峰石化有限公司
	普利司通（惠州）	普利司通（惠州）合成橡胶有限公司
	深圳宏洲	深圳市宏洲股份有限公司
	深圳宏洲工业气体	深圳市宏洲工业气体有限公司
	星辉	星辉环保材料股份有限公司
	益豪沥青	佛山市三水区益豪沥青有限公司
	英力士苯领（佛山）	英力士苯领高分子材料（佛山）有限公司
	湛江东兴	中国石化湛江东兴石油化工有限公司
	湛江新中美	湛江新中美化学有限公司
	中海壳牌	中海壳牌石油化工有限公司
	中海油惠州石化	中海油惠州石化有限公司
	中海湛江	中海石油（中国）有限公司湛江分公司
	中科炼化	中科（广东）炼化有限公司
	中石油天然气广东石化	中国石油天然气股份有限公司广东石化分公司
	中油高富	佛山高富中石油燃料沥青有限责任公司
	珠海BP（厂库）	珠海碧辟化工有限公司
	珠海华峰	珠海市华峰石化有限公司
	珠海长炼石化	珠海长炼石化有限公司
广西壮族自治区	北海炼化	中国石化北海炼化有限责任公司
	广西鸿谊新材料	广西鸿谊新材料有限公司
	广西华谊	广西华谊能源化工有限公司
	广西科元	广西科元新材料有限公司

续表

省份	企业简称	企业全称
广西壮族自治区	广西石化	中国石油广西石化分公司
	广西长科	广西长科新材料有限公司
海南省	东方石化	中海油东方石化有限责任公司
	海南炼化	中国石化海南炼油化工有限公司
	海洋石油富岛	海洋石油富岛有限公司
	逸盛石化	海南逸盛石化有限公司
四川省	成都成钢梅塞尔	成都成钢梅塞尔气体产品有限公司
	成都玖源	玖源生态农业科技（集团）有限公司
	成都玉龙	成都玉龙化工有限公司
	达州瓮福蓝剑化工	达州瓮福蓝剑化工有限责任公司
	德阳昊华清平磷矿	德阳昊华清平磷矿有限公司
	广安玖源	广安玖源化工有限公司
	龙蟒大地农业	龙蟒大地农业有限公司
	施可丰四川雷波化工	施可丰四川雷波化工有限公司
	四川达兴	四川达兴能源有限责任公司
	四川广宇	四川广宇化工股份有限公司
	四川和邦	四川和邦生物科技股份有限公司
	四川宏达	四川宏达股份有限公司
	四川金象	四川金象化工产业集团股份有限公司
	四川泸天	四川泸天化股份有限公司
	四川梅塞尔	四川梅塞尔气体产品有限公司
	四川美丰	四川美丰化工股份有限公司
	四川美青氰胺	四川美青氰胺有限责任公司
	四川能投	四川能投化学新材料有限公司
	四川石化	中国石油四川石化有限责任公司

续表

省份	企业简称	企业全称
四川省	四川天华	四川天华股份有限公司
	四川新洋丰肥业	四川新洋丰肥业有限公司
云南省	红河合众锌业	红河合众锌业有限公司
	陆良润霖磷化工	陆良润霖磷化工有限责任公司
	云南大为	云南大为制氨有限公司
	云南红富化肥	云南红富化肥有限公司
	云南鸿泰博化工	云南鸿泰博化工股份有限公司
	云南三环新盛化肥	云南三环新盛化肥有限公司
	云南三环中化化肥	云南三环中化化肥有限公司
	云南石化	中石油云南石化有限公司
	云南水富云天	云南水富云天化有限公司
	云南天安	云南天安化工有限公司
	云南先锋	云南先锋化工有限公司
	云南祥丰化肥	云南祥丰化肥股份有限公司
	云南云天化	云天化集团有限责任公司
	云南云天化红磷化工	云南云天化红磷化工有限公司
	云南云天化云峰化工	云南云天化云峰化工有限公司
	云南云维	云南云维股份有限公司
	云南中正	云南中正化学工业有限公司
贵州省	贵州开磷化肥	贵州开磷化肥有限责任公司
	贵州开磷集团	贵州开磷集团股份有限公司
	贵州开磷息烽	贵州开磷息烽合成氨有限责任公司
	贵州开阳	贵州开阳化工有限责任公司
	金正大诺泰尔化学	金正大诺泰尔化学有限公司
	黔希煤化	黔西县黔希煤化工投资有限责任公司
	瓮福（集团）	瓮福（集团）有限责任公司

续表

省份	企业简称	企业全称
陕西省	蒲城清洁能源	蒲城清洁能源化工有限责任公司
	陕西北元	陕西北元化工集团股份有限公司
	陕西北元集团锦源化工	陕西北元集团锦源化工有限公司
	陕西煤业化工集团神木电化	陕西煤业化工集团神木电化发展有限公司
	陕西润中	陕西润中清洁能源有限公司
	陕西陕化	陕西陕化化工集团有限公司
	陕西陕化煤化工集团	陕西陕化煤化工集团有限公司
	陕西神木	陕西神木化学工业有限公司
	陕西渭河煤化工	陕西渭河煤化工集团有限责任公司
	陕西咸阳化学工业	陕西咸阳化学工业有限公司
	陕西兴化	陕西兴化化学股份有限公司
	陕西兴化集团	陕西兴化集团有限责任公司
	陕西旭强瑞清洁能源	陕西旭强瑞清洁能源有限公司
	陕西延长石油	陕西延长石油（集团）有限责任公司
	陕西长青	陕西长青能源化工有限公司
	神华榆林	国家能源集团榆林化工有限公司
	神木市电石集团能源发展	神木市电石集团能源发展有限责任公司
	延安炼厂	陕西延长石油延安炼油厂
	延安能化	陕西延长石油延安能源化工有限责任公司
	延长石油榆林凯越煤化	陕西延长石油榆林凯越煤化有限责任公司
	延长石油榆林煤化	陕西延长石油榆林煤化有限公司
	延长中煤	陕西延长中煤榆林能源化工有限公司
	兖州煤业榆林能化	兖州煤业榆林能化有限公司

续表

省份	企业简称	企业全称
陕西省	长庆石化	中国石油长庆石化分公司
	中煤榆林	中煤陕西榆林能源化工有限公司
甘肃省	甘肃鸿丰电石	甘肃鸿丰电石有限公司
	甘肃华亭煤电	甘肃华亭煤电股份有限责任公司
	甘肃金昌化工	甘肃金昌化学工业集团有限公司
	甘肃瓮福化工	甘肃瓮福化工有限责任公司
	金昌奔马复合肥	金昌奔马复合肥有限责任公司
	兰州汇丰	兰州汇丰石化有限公司
	兰州石化	中国石油兰州石化分公司
	庆阳石化	中国石油庆阳石化分公司
	榆林化工	中国石油兰州石化榆林化工有限公司
青海省	格尔木炼油厂	中国石油青海油田分公司
	青海发投	青海发投碱业有限公司
	青海桂鲁	青海桂鲁化工有限公司
	青海盐湖	青海盐湖工业股份有限公司
	青海盐湖海纳化工	青海盐湖海纳化工有限公司
	青海盐湖镁业	青海盐湖镁业有限公司
	青海云天化国际化肥	青海云天化国际化肥有限公司
	青海中浩	青海中浩天然气化工有限公司
	中盐青海昆仑	中盐青海昆仑碱业有限公司
宁夏回族自治区	宁夏宝丰	宁夏宝丰能源集团股份有限公司
	宁夏宝廷	宁夏宝廷新能源有限公司
	宁夏滨河永泰化学	宁夏滨河永泰化学有限公司
	宁夏大地循环发展	宁夏大地循环发展股份有限公司
	宁夏金昱元化工集团	宁夏金昱元化工集团有限公司

续表

省份	企业简称	企业全称
宁夏回族自治区	宁夏日盛实业	宁夏日盛实业有限公司
	宁夏石化	中国石油宁夏石化分公司
	宁夏英力特化工	宁夏英力特化工股份有限公司
	宁夏中石化长城能源化工	中国石化长城能源化工（宁夏）有限公司
	神华宁煤	国家能源集团宁夏煤业有限责任公司
	中国石化长城能源化工（宁夏）	中国石化长城能源化工（宁夏）有限公司
新疆维吾尔自治区	阿克苏华锦	阿克苏华锦化肥有限公司
	兵团天盈石化	新疆生产建设兵团天盈石油化工股份有限公司
	独子山石化	中国石油独山子石化分公司
	广汇环保	新疆哈密广汇环保科技有限公司
	金晖兆丰	新疆金晖兆丰能源股份有限公司
	奎屯锦疆	奎屯锦疆化工有限公司
	神华新疆	国家能源集团新疆化工有限公司
	塔河炼化	中国石化塔河炼化有限责任公司
	塔里木石化	中国石油塔里木石化分公司
	乌石化	中国石油乌鲁木齐石化分公司
	新疆大黄山鸿基焦化	新疆大黄山鸿基焦化有限责任公司
	新疆广汇	新疆广汇新能源有限公司
	新疆国泰新华矿业	新疆国泰新华矿业股份有限公司
	新疆蓝德	新疆蓝德精细石油化工股份有限公司
	新疆美丰化工	新疆美丰化工有限公司
	新疆美汇特石化	新疆美汇特石化产品有限公司
	新疆能源	国家能源集团新疆能源有限责任公司
	新疆圣雄能源	新疆圣雄能源股份有限公司

续表

省份	企业简称	企业全称
新疆维吾尔自治区	新疆胜沃能源开发	新疆胜沃能源开发有限公司
	新疆塔里木石油化工	新疆塔里木石油化工有限责任公司
	新疆天利	新疆天利石化控股集团有限公司
	新疆天利高新	新疆天利高新石化股份有限公司
	新疆天业	新疆天业股份有限公司
	新疆天业（集团）	新疆天业（集团）有限公司
	新疆天运化工	新疆天运化工有限公司
	新疆天正中广	新疆天正中广石化有限公司
	新疆天智辰业	新疆天智辰业化工有限公司
	新疆心连心	新疆心连心能源化工有限公司硫磺
	新疆新业能化	新疆新业能源化工有限责任公司
	新疆宜化	新疆宜化化工有限公司
	新疆玉象胡杨	新疆玉象胡杨化工有限公司
	新疆中能万源	新疆中能万源化工有限公司
	新疆中泰	新疆库尔勒中泰石化有限责任公司
	新疆中泰	新疆中泰化学股份有限公司
	新疆中泰化学托克逊能	新疆中泰化学托克逊能化有限公司
	新疆中泰矿冶	新疆中泰矿冶有限公司
	兖矿新疆	兖矿新疆煤化工有限公司
	中石油克拉玛依	中国石油克拉玛依石化分公司

上海期货交易所简介 »»

BRIEF INTRODUCTION

上海期货交易所（以下简称上期所）是受中国证券监督管理委员会（以下简称证监会）集中统一监管的期货交易所。上期所依照《中华人民共和国期货和衍生品法》《期货交易管理条例》及《期货交易所管理办法》等法律法规，为期货交易提供场所和设施，组织和监督期货交易，维护市场公平、有序和透明，实行自律管理。上期所以党的二十大精神为指引，在证监会党委的领导下，立足服务实体经济和国家战略、维护国家经济金融安全，履行市场一线监管职责，服务引导实体产业运用期货工具定价交易、管理风险、配置资源，助力构建现代化产业体系，保障产业链供应链安全稳定。目前，上期所（含上期能源）已上市铜、铝、锌、铅、锡、镍、国际铜、氧化铝、黄金、白银、螺纹钢、线材、热轧卷板、不锈钢、原油、燃料油、低硫燃料油、石油沥青、天然橡胶、20号胶、合成橡胶、纸浆、集运指数（欧线）等23个期货品种；铜、天然橡胶、黄金、铝、锌、原油、螺纹钢、白银、合成橡胶等9个期权品种，涵盖金属、能源、化工、服务等领域。其中，原油、低硫燃料油、20号胶、国际铜、集运指数（欧线）等5个期货品种和原油期权直接对境外投资者开放。

近年来，上期所稳步推进品种和工具创新，市场韧性和抗风险能力增强，产业客户参与度持续提升，服务实体功能进一步凸显，“上海价格”影响力不断扩大。据国际期货业协会（FIA）统计，上期所场内商品衍生品成交规模多年来位居世界前列。未来，上期所将继续坚持以习近平新时代中国特色社会主义思想为指导，深入贯彻落实党的二十大精神和党中央、国务院决策部署，在证监会党委的坚强领导下，努力践行“稳健、进取、诚信、专业”的核心价值观，持续打造高质量产品体系、高能级服务平台、高效率机制创新、高水平对外开放、高赋能信息技术系统、高标准绿色理念、高效能自律监管七大战略，努力提高服务实体经济的能力和水平，持续提升重要大宗商品的价格影响力，为建设中国特色现代资本市场贡献期货力量。

郑州商品交易所(以下简称郑商所)成立于1990年10月,是国务院批准成立的首家期货市场试点单位,由中国证监会管理。郑商所遵循公开、公平、公正和诚实信用的原则,为期货合约集中竞价交易提供场所、设施及相关服务,对期货交易进行市场一线监管,防范市场风险,安全组织交易。

让实体看见方向·助经济稳健运行

长期以来,在中国证监会的正确领导下,郑商所始终牢记服务国家战略、服务实体经济的初心使命,全面践行金融工作的政治性、人民性,坚持将期货市场一般规律与国情市情相结合,从上市全国第一个石化品种——PTA期货起步,围绕服务石化行业高质量发展目标,立足产业企业风险管理需求,先后上市了甲醇、尿素、纯碱、短纤、烧碱、PX等7个石化品种,持续加强石化品种研发布局,努力构建与国民经济发展相适应的品种体系,不断创新业务模式,助力实体经济高质量发展,积极探索中国特色现代期货市场品种发展之路。截至2023年,郑商所已上市25个期货品种和16个期权品种,拥有全球独有的品种13个,范围覆盖粮、棉、油、糖、果和能源、化工、纺织、冶金、建材等多个国民经济重要领域,已发展成为期货期权均衡发展、场内场外市场协同、境内境外市场兼顾的综合性期货及衍生品交易所。据国际期货业协会(FIA)统计,郑商所场内商品衍生品成交规模多年位居世界前列,是全球重要的聚酯、煤化工、盐化工期货市场。

领先行业的风险管理平台·享誉世界的商品定价中心

郑商所将继续坚持以习近平新时代中国特色社会主义思想为指导,立足新发展阶段,贯彻新发展理念,服务新发展格局,坚持系统观念,统筹发展和安全,践行“让实体看见方向、助经济稳健运行”的使命,秉持“守正、创新、专业、担当”的核心价值观,统筹推进产品创新、市场服务、技术支撑、风险防控等各项工作,为实现“领先行业的风险管理平台、享誉世界的商品定价中心”的愿景努力奋斗,更好服务“十四五”时期经济社会高质量发展。

新阶段·新理念·新格局

殷切嘱托

“脚踏实地、大胆探索，努力走出一条成功之路。”

——习近平总书记2013年8月29日视察大商所

大商所概况

大连商品交易所（以下简称大商所）成立于1993年，是经国务院批准并由中国证监会监督管理的五家期货交易所之一，也是中国东北地区唯一一家期货交易所；已上市大豆、玉米、生猪、聚丙烯等21个期货品种和豆粕、铁矿石、聚丙烯等11个期权工具；2018年起，先后引入境外交易者参与铁矿石期货、棕榈油期货、棕榈油期权、黄大豆1号期货、黄大豆2号期货、豆粕期货、豆油期货、黄大豆1号期权、黄大豆2号期权、豆粕期权、豆油期权交易。2020年12月，正式启动大宗商品生态圈、大宗商品交易中心和价格信息中心的场外市场“一圈两中心”建设。立足新发展阶段、贯彻新发展理念、融入新发展格局，大商所将坚持服务面向实体经济，创新紧跟市场需求，围绕产品创新、技术驱动、生态圈建设三大主线，加快建设期货现货结合、场内场外协同、境内境外连通的国际一流衍生品交易所。

成立20多年来，大商所规范运营、稳步发展，已经成为中国重要的期货交易中心。目前，拥有会员单位161家，指定交割仓库530个。2022年，大商所实现成交量23亿手（单边，下同）、成交额124万亿元、日均持仓量1217万手。根据国际期货业协会（FIA）统计，2022年大商所成交量位居全球第9位，是全球重要的农产品及塑料、煤炭、铁矿石期货市场。

服务面向实体经济，创新紧跟市场需求
围绕产品创新、技术驱动、生态圈建设三大主线
建成期货现货结合、场内场外协同、境内境外连通的

国际一流衍生品交易所

CPCIF

CHINA PETROLEUM
AND CHEMICAL INDUSTRY FEDERATION

中国石油和化学工业联合会 信息与市场部

信息与市场部是中国石油和化学工业联合会主要业务部门之一，主要职责为开展行业统计调查分析，跟踪行业经济运行和国内外发展动态，研究热点、难点和敏感问题，发布行业信息，向政府部门报送行业经济运行动态，提供产品、价格、供求、市场信息；加强行业信息渠道建设和管理；推进行业信息化建设，开展智能制造、智慧工厂等咨询服务，完善石化行业智能制造相关标准体系，推进行业数字化转型；开展产业安全预警工作，参与组织反倾销、反补贴、贸易保障措施及贸易争议协调；推进实施行业职业道德准则和企业信用体系建设，推进和建立行业自律性制度和机制；承担石化联合会分支机构智能制造工作委员会秘书处工作；承担石化联合会国际贸易协调工作委员会的日常工作。

主要提供的服务：

权威的行业经济数据库

全面监测、掌握 57 个行业、120 个行业重点产品、1417 个石化产品的生产、消费、进出口等信息数据

产品咨询服务

提供行业、产品研究报告，策划组织石化产业链调研，准确及时把握市场情况，为用户提供个性化一对一解决方案

贸易政策及关税调整

征集企业贸易及税率方面诉求，定期向财政部、商务部、海关总署等主管部门提供贸易政策及税率调整建议

贸易协调

专业服务石化企业反倾销、反补贴及应对、出口退税、自贸区和通关便利化措施升级、促进石化贸易发展、维护产业安全

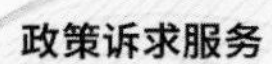

政策诉求服务

了解行业、企业在经济运行中存在的热点、难点问题，反映企业诉求，向发改委、工信部、商务部、财政部、国资委、海关总署等政府部门提出政策建议，供政府决策部门参考

开展石化行业智能制造中长期战略、规划和发展路径研究；建设石化行业智能制造项目库、技术库、供应商库、专家库、人才库等；完善石化行业智能制造相关标准体系；搭建石化行业智能制造领域的企业与研究院所、高校和技术支撑机构技术交流、合作平台等